Karlheinz Neumann
Mein Zelt in der Wüste

Karlheinz Neumann

Mein Zelt in der Wüste

EDITION
BITTER
Recklinghausen

CIP-Kurztitelaufnahme der Deutschen Bibliothek

Neumann, Karlheinz:
Mein Zelt in der Wüste/Karlheinz Neumann. [Textill.
vom Autor]. – Recklinghausen: Bitter, 1985.
(Edition Bitter)
ISBN 3-7903-0325-9

Einbandzeichnung: Charlotte Panowsky
Textillustrationen vom Autor
Gesetzt aus der ITC Souvenier
Satz: Uhl + Massopust, Aalen
Druck, Einband: Ebner Ulm

ISBN 3-7903-0325-9

Inhalt

Zum Geleit

»Afrikanisches Märchen« möchte ich diese Erzählung nennen; denn ein Märchen war es für mich. Daß es Wirklichkeit war, ändert wenig daran.

Echtes Abenteuer zu erleben in einem Jahrhundert, das seinen Ehrgeiz darein setzt, alles gleich und alles manipulierbar zu machen, hatte ich nicht mehr erwartet. Das hat mich mehr überrascht als die zauberhafte Kulisse der Wüste, die fremdartigen Menschen, die ganz anderen Sitten, die steinzeitliche Lebensform. Daß man in solchen »steinzeitlichen« Lebensformen, in einer von Zivilisation noch nicht berührten Umwelt, mit größerem Frieden der Seele lebt als in unserer modernen Welt, war eine meiner tiefsten Erfahrungen.

Was ich beschreibe, ist in dreijährigem Aufenthalt in Afrika selber erlebt. Die Namen wurden geändert, vom Recht des Schriftstellers, zu verdichten (was nicht erdichten ist), machte ich Gebrauch. Die Orte lasse ich unbestimmt, denn inzwischen herrscht oder herrschte dort Krieg, und niemandem soll durch meine Erzählung Leid geschehen.

Von ganzem Herzen danke ich den Mitgliedern der Regierung, die mir in großzügigster Weise erlaubte, mich drei Jahre lang völlig frei zu bewegen, wo ich wollte und wie ich wollte (auch in Landeskleidung und, da sprachkundig, als einer des Landes); ein sehr großes Vertrauen vor Beginn eines Krieges. Ich werde es nicht vergessen und nicht mißbrauchen.

Landesgrenzen in der Wüste sind wie die Linie, die man mit einem Stabe in Wasser schreibt. Auf wessen Territorium meine Geschichte spielt, ist ohne Bedeutung.

Diese Erlebnisse waren für mich ein Märchen. Märchen sind Gleichnisse. Sie könnten vor tausend Jahren, sie könnten in tausend Jahren geschehen. Sie könnten, wenn die Bühne der Geschichte sich wieder einmal ganz um sich selbst gedreht hat, sich vielleicht selbst bei uns ereignen.

*Der Hadsch**

Schech Hadsch Baschir lernte ich kennen, als er von seiner Pilgerfahrt nach Mekka in das Lehmdorf am Nordrand der Sahara zurückgekehrt war. Außer dem Titel Hadsch hatte der alte Mann viele Souvenirs mitgebracht, darunter kleine Kanisterchen mit dem Wasser der heiligen Quelle »Zem-Zem«. Doch vor allem hatte er eine Darmkrankheit mitgebracht. – Unter den Händen der Sahara-Ärzte wollte sie nicht weichen. Als sie bedrohlich wurde, ließ er mich rufen, denn ich bin Arzt. – Ich ging nicht gerne hin; denn ich wollte das Leben in der Wüste erlernen. Den Berufsneid der Zauberdoktoren konnte ich dabei nicht gebrauchen.

Schech Baschir war in der Sahara ein wichtiger Mann. Er war einer der 121 Söhne des Caid Dachman. Der hatte in diesem Teil der Sahara wie ein König geherrscht. Um 1930 hatten die Franzosen das Ende der Stammeskriege in der Wüste verordnet und eine hauchdünne, doch gute Verwaltung geschaffen. Doch Caid Dachman und später sein Sohn Schech Baschir waren wichtige Männer geblieben. – Noch einflußreicher wurde der Schech, als die Kolonialmacht abzog. Da begannen die Stämme der Wüste, ihre alten Feindschaften und Bündnisse neu zu ordnen und die Kämpfe vorzubereiten, auf die sie so lange hatten verzichten müssen.

Ein Diener des Hadsch, ein schwarzer Mann, mit dem lockeren Sahara-Mantel, der Jellaba, bekleidet, holte mich ab. Zwischen unregelmäßig aus Lehm gestampften Mauern fuhr ich unter seiner Führung mit meinem kleinen Renault staubige Wege. Die Tore aus schweren, verwitterten Balken in den hohen Mauern

* Ein Muslim, der die Pilgerfahrt nach Mekka ausführte

waren verschlossen. Vor einem dieser Tore hielt ich an. Mein Führer nahm einen Stein vom Boden und schlug damit gegen das abgewetzte Holz, daß es dröhnte. Anfangs geschah nichts; dann fragte drinnen eine schrille Frauenstimme: »Schkun?«, wer ist da? Auf die Antwort »Ana u el Tebib«, ich und der Arzt, wurden Balken geschoben. Eine unter Tüchern verborgene Frau öffnete das Tor einen Spalt. Hinter uns schloß sie es wieder. Ich fand mich in einem rechteckigen Hof zwischen Lehmstampfmauern. Der Boden war der steinige Grund der Wüste. Halbnackte Kinder jagten armseliges Federvieh. Die Frau verschwand ohne Laut in einem mannshohen Würfel aus Lehm in der Ecke des Hofes; der war ihr Haus.

Durch ein zweites Tor gelangten wir in einen ähnlichen Hof. In zwei etwas größeren Lehmwürfeln mit Türloch und Mauerspalten mochte die Dienerschaft hausen. Über offenen Feuerstellen hingen schwarze, bauchige Kessel. Ein primitiver Backofen aus Lehm gähnte mich vom Erdboden an. Mannshohes Dorngestrüpp bildete einen Kral für die Esel. Auf einem gesäuberten Platz ruhte auf seinem Brusthöcker ein weißes Kamel, ausgesucht groß und schön, das Reisekamel des Schechs. Es war mit Wiederkäuen beschäftigt und blickte mich überaus dünkelhaft an.

Drittes Tor, neuer Hofplatz, vier Palmen, ein Brunnen. Über ein rohes Holzrad führte eine Leine aus Palmfasern in das Brunnentief. Einige bewässerte Beete mit Küchengewächs grünten im Schatten der Palmen. Rechts wie links lehnte sich ein schmales, lehmgestampftes Haus gegen die hohe Mauer. Das Türloch war weiß umrandet; mehr Schmuck gab es nicht. – Ich hatte ja gehört, daß der Hadsch, obwohl überaus reich, auch hier im Ort beduinische Lebensweise bewahrte.

Mein Begleiter führte mich zu dem Haus rechter Hand. Ich schob meine arabischen Schuhe zu der Versammlung anderer

Schuhe und trat ein. An den Wänden des etwa fünf Meter langen, schmalen Raumes saßen auf Teppich und Kissen ein Dutzend ernster Männer in weißen arabischen Gewändern. An der Seite, so daß er den Eingang im Auge hatte, ruhte in voller Bekleidung auf einem Feldbett der Hadsch. Zu meinem Erstaunen war er tiefschwarz.

Der alte Mann war groß und muskelstark. Autorität ging von ihm aus. Obwohl er lag, wirkte er wie ein König. Ich begrüßte ihn und danach reihum seine Gäste. Er wies mir einen der ansehnlichsten Plätze an; das ist gegenüber dem Eingang. Die zehn oder zwölf Mann waren Führer von Unterstämmen oder von Zeltgruppen. Die Beratung, zu der sie der Schech gerufen hatte, war beendet. Ich konnte mir denken, daß mehr als genug zu beraten war. Die seßhaften, händlerisch gesinnten Berberstämme hatten aus der Zeit des Friedens mehr Vorteil gezogen als die Nomadenstämme der Wüste. Auch unter den Stämmen der Wüste stand vieles zu kriegerischer Bereinigung an. – Doch derlei ist gleichsam Familiensache; ein Fremder erhält keinen Einblick.

Tee wurde gereicht. Ein Diener holte vom Frauenhaus das kunstvoll gearbeitete Kupferbecken und einen Teekessel mit warmem Wasser. Ein Sohn des Hadsch brachte beides von Gast zu Gast, goß Wasser über die Hände, reichte das Handtuch und schritt zum nächsten Gast fort. Zwei Söhne des Hadsch trugen vom Frauenhaus eine metergroße, flache Holzschale herbei und setzten sie auf einen ganz niedrigen Tisch. In der Schale war Kuskus* mit Rosinen und Gemüse. Darauf lag ein junges geröstetes Lamm. Aus einem Tuch wurde duftendes heißes Brot verteilt. Wir hockten uns auf gekreuzten Beinen um die Schale, sprachen »Bismillah«, im Namen Gottes, und danach nichts mehr; denn während man ißt, spricht man nicht.

* Eine aus gestampftem Getreide hergestellte Art von sehr grobem Grieß, der durch Wasserdampf weichgekocht wurde. Kuskus ist die normale tägliche Nahrung.

Mit der rechten Hand brachen wir etwas Brot. Mit dem Brot und drei Fingern der rechten Hand rupften wir dem gerösteten Lamm irgend etwas Verlockendes ab und schoben das in den Mund. – Es war ein königliches Mahl. Zwischendurch machte ein einfacher Henkeltopf mit klarem Wasser die Runde. Als vom Lamm die besten Teile verzehrt waren, ging es an den Kuskus. Doch ich hielt mich mehr an an das Gemüse; denn Kuskus mit der Hand zu essen, gelingt nur, wenn man es von Kindheit an lernte. – Der Hadsch aß nichts, sondern sog an der Wasserpfeife, die einer seiner Söhne ihm brachte.

Die Mahlzeit war überreichlich; doch rasch wurde sie abgetan. Danach die Hände gewaschen, den Mund gespült, nochmal Tee gereicht. Dann sprach der Hadsch ein paar knappe Worte und schickte seine Gäste ohne Federlesens davon. Mich hielt sein Sohn zurück.

Dann winkte mich der Hadsch an sein Lager. Sein Sohn schob mir ein Kissen zur Seite. Der Hadsch ergriff meine Hand, sah mich aufmerksam an, fragte mich über mein Land, meine Reisen, meinen Aufenthalt hier, so wie auch wir es tun, um uns von einer Person einen Eindruck zu schaffen. Meine Hand hielt er dabei fest; das ist hier so Brauch.

Danach fragte ich ihn nach seiner Pilgerfahrt. Er hatte die Reise mit dem Flugzeug von der Hauptstadt des nächsten Landes aus gemacht. Ich kam auf seine Erkrankung zu sprechen und wechselte den Griff meiner Hand, seinen Puls zu fühlen. Körperliche Untersuchung ist ja hier nicht üblich, was die ärztliche Kunst nicht gerade einfacher macht. Erfragt, was nötig, sagte ich, daß ich das richtige Medikament für ihn habe. Was er brauchte, war in meiner Reiseapotheke.

Ich heilte den Hadsch in wenigen Tagen. Beim gemeinsamen Gang auf den Markt des kleinen Ortes am Sahararand kaufte er mir ein arabisches Obergewand sehr vornehmer Machart. Das

Erscheinen mit dem Schech auf dem Souk hob mein Ansehen stark. Wichtiger war, daß ich den einflußreichen Mann und Stammesgebieter zum Freunde gewonnen hatte. – Ich lebte lange in den Zelten seiner Leute und lernte, was mir an Nomadenwissen noch fehlte. Auf seinen Kamelen machte ich weite Reisen, mit seinen Herden wanderte ich viele Wochen; es war ganz unvergeßlich! – Doch schließlich begann die große Hitze des Sommers. Die taugt nicht für uns Europäer. Da nahm ich Abschied vom Hadsch.

Als von neuem die kühlere Jahreszeit begann, reiste ich in der Wüste zuerst eine Zeitlang auf eigene Faust. Durch Zufall (oder war's Allahs Wille?) fand ich in der Wüste jene verlassene Oase. Dort lebte ich bei der Quelle drei Tage in meinem Zelt und war verzaubert. Das war ja die Erfüllung meiner Kinderträume!! Eine Oase allein für mich mit Wasser und Schatten und Datteln genug. Nur hinzusetzen brauchte ich mich, und alles Leben der Wüste würde dort an mir vorüberziehen. – Der Januar hatte begonnen. Vier Monate noch würde ich weilen können, bis die große Hitze des Sommers mich vertriebe. – Doch der politische Horizont um die Sahara war nicht wolkenfrei. Ich reiste zum Hadsch, erzählte ihm meine Pläne, erbat seinen Rat.

Hadsch Baschir legte seine beiden runzeligen Hände auf meine Schultern – und riet mir ab. Doch ich liebe das Abenteuer. Und die Männer der Sahara lieben ihre Wüste, und Abenteuer lieben sie auch. Im Alter beschließen die Reicheren zwar ihr Leben oft im Hause einer Oase. Doch auch dann reiten sie für viele Monate zu ihren Zelten. Für sie gibt es kein besseres Leben als das Leben im Zelt und in der großen Freiheit der Wüste. Ein

Haus ist eine künstliche Höhle, pfui Teufel! Ein Haus ist gut für feige und miese Dattelbauern; auch der alte Hadsch lebt noch monatelang in seinen Zelten und ist glücklich, wenn die Mauern hinter ihm liegen. – So kann er meinen Wunsch gut verstehen. Auch wissen wir beide, daß in der verlassenen Oase ein Morabitu ist, das Grab eines heiligen Mannes, also eine Freistatt und Zuflucht. Lange hat der Hadsch, Hände auf meinen Schultern, mir in die Augen geblickt. Dann hat er mir Gottes Segen und Hilfe gewünscht, hat also zugestimmt. Aus seiner weißen Foggia nestelte er mit seinen schwarzen Händen alle Amulette hervor, die an seinem faltigen Halse hingen; ein ganz bestimmtes suchte er aus, hängte es mir um, sagte, es werde mir nützen. Dann hat er mich an seinen starken Brustkasten gedrückt, mich auf beide Wangen geküßt, mich bis ans äußere Tor geleitet, mich nochmals umarmt und dann entlassen.

Die Fahrt ins Unbewohnbare

Meine Reise beginnt. Zuerst führt sie wieder nordwärts, führt aus der flacheren Wüste zurück in die sonnengedörrte Gebirgswelt am Sahara-Rand. Wenige Kilometer Asphaltstraße, danach Piste durch das Gebirge. Die Piste ist das natürliche Gestein. Nur wo das Geröll mehr als kopfgroß ist, räumte Menschenhand die größten Brocken zur Seite. Nur wo sie steilwandige Schluchten quert, sind Abfahrt und Auffahrt etwas geschrägt, oft fahre ich auf dem nackten gewachsenen Fels; dann bezeichnen nur von Zeit zu Zeit kleine Steinpyramiden die Richtung.

Rundum ist verfluchtes Land; nur Stein, von der Sonne zerdörrt. In den wasserlosen Tälern leben von unterirdischem Naß manchmal einige Palmen. Im Talgrund könnten zwar Brunnen Wasser fördern. Doch wenn einmal Regen fällt, brausen reißende Wildflüsse durch die steinigen Schluchten. – An geschützten Stellen sind manchmal ganz kleine Felder, metergroß, von Steinmauern gehalten. Mensch und Esel tragen Erdkrume und Wasser heran.

Dies ist die Bergwelt der Berber. Diese hier sind vom Stamme der Schlöh. Das ist ein armes, in Bedrängnis lebendes Volk. Nur selten gibt es Dörfer; denn wo ist Boden, sie zu ernähren? Auf schwer erklimmbaren Felskuppen liegen hinter gemeinsamer Mauer die Speicher der Stammesgruppe. Jede Familie hat in der Speicherburg einen verschließbaren Raum. Da lagern die Vorräte, doch Menschen wohnen da nicht. – Die Menschen folgen den Ziegenherden. Ziegen sind klug, Ziegen finden auch in diesem verfluchten Lande noch Nahrung. Entdecken sie einen Baum, so klettern sie auf seine Äste und fressen Blätter und junge Triebe. Den Ziegen bekommt das, dem Baume nicht. – Die Ziegen bestimmen den Weg, der Mensch folgt ihnen; er ist der

Eine Speicherburg der Schlöh in der Vorsahara

Parasit der Ziegen, so wie die Laus der Parasit des Menschen ist. Die Menschen leben in Kralen aus Stachelgebüsch unter aufgespannten Tüchern oder in steinernen Höhlen. Doch wenn der Regen ausblieb, ein Jahr lang oder zwei, dann müssen sie fortwandern oder sie beginnen zu sterben; die Ziegen zuerst, die Menschen danach. – Es ist wirklich fast schon jenseits der noch bewohnbaren Welt.

Oft sehe ich Ziegenherden. Junge Hirten, noch halbe Kinder, bewachen sie. – Die Hirtenjungen sind scheu wie wilde Tiere. In ihren Kapuzenmänteln aus Ziegenhaar kommen sie angerannt zu zweit oder zu dritt; doch in Steinwurfweite bleiben sie stehen. Selbst eine Handvoll Datteln vermag nicht, sie näher zu locken. Sie sprechen nur ihren Berberdialekt, den ich hier nicht verstehe. Sie stehen und starren, scheu und ohne Begreifen. Man selber muß achtsam sein, denn sie sind im Steinschleudern Meister. – So lege ich eine Handvoll Datteln auf einen Stein, wünsche ihnen Gesundheit und Gottes Segen und fahre weiter. – Dies also ist das Gebirgsland der Schlöh. Ob Gott mir die Zeit gibt, auch darüber noch zu berichten?

Eine Gebirgsoase liegt in einem Talkessel mit braunen Felswänden vor mir. Aus mehreren Felsentälern kommt hier echtes

Wasser zusammen. Es wird in Gräben gefaßt und ernährt Palmen und Gärten. Unbeschreiblich schön ist diese grüne Insel in brauner Felsenwelt. Ich verstehe, warum die arabische Sprache für Paradies und Oase das gleiche Wort hat; in einer wasserlosen Welt ist beides ein und dasselbe. – Hier in der Oase nächtige ich. Auf dem Dache des einzigen Kaufladens steht aus Lehm gestampft ein Kubus mit Palmstamm-Dach, der Gastraum für Reisende. Tür und Dach sind mit den geometrischen Mustern der Berber ganz bunt bemalt.

Ich wandere noch durch den Palmenwald. Wassergräben mit schmalen Fuß- und Eselswegen daneben durchziehen ihn. Hinter Lehmmauern liegen Gärten. Darin wird Getreide, Kartoffeln, Gemüse angebaut. Stets wird künstlich bewässert. – Bald sind drei oder vier junge Leute neben mir. Es sind Berber; doch hier sprechen sie auch arabisch. Sie zeigen mir, wie das knappe Wasser verteilt wird. Zweimal oder dreimal in der Woche erhält jeder Garten ein bis zwei Stunden lang aus dem Hauptkanal Wasser. Eine Sonnenuhr tags, eine Wasseruhr nachts bestimmen die Dauer. Die Nachtstunden sind die begehrtesten, da verdunstet weniger.

Morgens fahre ich weiter. Vormittags zerstört die Piste einen Reifen meines Autos. Dann tritt sie aus dem Gebirge nach Süden aus und in eine tellerflache, weite Ebene ein. Das ist die »Vorsahara«, ein dürres, staubreiches Land. Nicht Felsen mehr, sondern Sand und Löß. Die Nähe des hohen Gebirges läßt hier einmal oder zweimal im Jahr Regen fallen, oft als Wolkenbruch. So durchziehen tiefe, steilwandige Schluchten die Ebene. – Doch hütet euch vor diesen Schluchten! Unversehens rollt auf ihrem Grund vom Gebirge her donnernd eine Brandungswelle entlang, halb Wasser, halb Steine. Sie zerstört alles, was sie trifft. In wilder Flucht sucht dann die Kamelherde, die sich dort aus versteckten Brunnen tränkte, einen Ausweg aus den Mauern senkrechter Wände.

Hier in der Vorsahara sind Kamelherden zahlreich. Sie kreuzen meinen Weg, Zelte und Stangen aufgepackt. Sie stehen näher oder ferner zum Weiden. Oft sehe ich die schwarzen und breiten Nomadenzelte. Doch an Pflanzenwuchs sieht mein Auge nichts als hier und da niedrige Büsche staubiger Kakteen. Ihre sechsekkigen, stachelbewehrten Stengel speichern das Wasser, mit dem die Pflanze ein oder zwei Jahre lang haushalten muß. Doch diese Kakteenstrünke taugen zu nichts, nicht einmal Kamele fressen sie. Und zwischen ihren Wurzeln wohnt die Schlange.

Rascher, als ich dachte, wird es Abend. Abseits der Piste steht ein Dutzend Palmen; auf die steuere ich zu. Mein kleines Auto verberge ich mit großen trockenen Palmenblättern, baue mein Zelt, esse und schlafe. So einfach geht das.

Bei Morgendämmerung bin ich wach. Bevor die Sonne über den Rand der Ebene bricht, rolle ich schon. Weit voraus, so weiß ich, steigt ein Gebirgsriegel wohl tausend Meter hoch auf; eine hochgekantete Felsscholle, ganz schmal, sehr lang. Hinter ihr beginnt endgültig die Sahara. Im Durchbruch durch die Gebirgsmauer fließt etwas Wasser. Dort liegt der letzte Marktplatz. Dort werde ich die Lebensmittel kaufen für meine Reise.

Alles hier in der Vorsahara ist Staub, feiner, gelbbrauner Staub. Mit dem Wind geht der Staub auf Reise, treibt wie ganz feiner Nebel. Über Kamelherden steht er als dünne Wolke, hinter meinem Auto zieht er als dichte Fahne, kilometerweit sichtbar. Seit einer Stunde folgt mir eine zweite Staubfahne, ein anderes Auto. Als die Staubwolke nahe ist, halte ich und steige aus. Hier fährt man ja nicht aneinander vorbei, ohne nach der Gesundheit zu fragen und Nachrichten zu tauschen: daß dort eine Schlucht schwer passierbar ist, da eine Sandstrecke entstand oder daß gar eine Streife von Meharis, Kamelsoldaten, gesichtet wurde. Die fürchtet man mehr als Sandsturm und richtige Räuber.

Ein Lastwagen ist es, überall gelbbraun von Staub. Der Fahrer grüßt, die fünfzehn Männer im offenen Laderaum grüßen und lachen. Sie drängen sich zwischen Ziegen und Schafen, Ballen und Kisten, haben Tücher um Kopf, Hals und Mund gewickelt, sind gelb von Staub, wie hier alles. Es sind Wanderhändler auf dem Wege zum Wüstendorf. Dort ist morgen der wöchentliche Markttag, der Souk, der Austausch zwischen den Nomaden der Wüste und den Händlern der bewohnten Welt. – »La bas?« fragen sie, alles in Ordnung? »La bas! La bas elikum?«, steht auch bei Ihnen alles gut? »La bas!« und »Hamdulillah!«, Gott sei gedankt. Wie weit noch? Der Weg in Ordnung! »Zaffar zaida!« Gute Fahrt! »Llahi aunek!«, Gott helfe dir! – Dann fährt der Lastwagen weiter. Ich lasse ihm weiten Vorsprung, daß sein Staub verweht. Ich bin froh, daß morgen Markt ist, denn an den übrigen Tagen schläft solch ein Dorf am Wüstenrand einen tiefen Schlaf. Dann muß man vor dem schwarzen Backofen lange mit verschleierten Frauen des Dorfes verhandeln, um auch nur ein einziges Brot zu bekommen.

Schwach zeichnet sich vorn eine Bergkette am Horizont. Sie wächst, schließlich ist sie ein respektables Gebirge. Ganz schmal und steil stemmte Natur hier Felsgestein aus großer Tiefe nach oben. Uraltes Gestein voll von versteinerten Muscheln und ausgestorbenem Seegetier. Viele Hunderte von Kilometern ist diese Felsscholle lang. An den wenigen Durchbrüchen liegen die alten »Häfen der Wüste«; hier füllten die Karawanen zum letztenmal die Schläuche. Hier ist der letzte Marktplatz, ein Vorposten der bewohnten Welt. – Zwischen zwei hohen Verteidigungstürmen aus gestampftem Lehm fahre ich in das Ortsgebiet ein. Zuerst über den großen Platz des Kamelmarktes. Dann durch ein überwölbtes Tor mit schweren Balken auf den Marktplatz der Händler. Da liegt die Karawanserei, mein »Hotel«.

Einstöckige Lehmhäuser mit großem, ummauerten Hof stehen am Marktplatz der Händler. Sie sind Karawanserei, Teestube, Küche, Gaststätte und Nachtquartier – alles zusammen. Geöffnet sind sie nur am Tag des Marktes und vielleicht am Abend davor.

Auf dem von Lehmmauern umschlossenen Hof lagern dann Waren, Tiere und die niederen Leute; und die schlafen da auch. Zwischen Hof und Markt steht das Haus, ein großer, überdachter Raum mit schattenspendenden Lehmgewölben davor. Wenige Holzbänke, einige wackelige Tische; doch überwiegend liegen auf dem Boden nur Matten. An einer Seite ist ein Lehmpodest; da wird auf Holzkohlenfeuer kochendes Wasser für den Tee der Gäste bereitet. Auf Holzkohlenglut stehen da am Tage des Marktes die Tajin-Töpfe mit Gemüse und Fleisch, deren Tondekkel man hochhebt, um sich den verlockendsten auszusuchen. Rollen von Rohrmatten lehnen an den Wänden, denn des Nachts schlafen auf dem Boden dicht nebeneinander die Händler. – Auf das Lehmdach eines dieser Häuser ist ein kleiner Extra-Kubus gesetzt. Dort schlafen die reichen Tuchhändler in der Nacht vor dem Markt.

Ein alter Neger mit zwei großen Söhnen leitet die Karawanserei. Natürlich gehört sie ihm nicht; er ist nur Verwalter, war früher Sklave und ist es praktisch auch jetzt; er könnte wohl fortgehen, jedoch wohin? und warum? – Der alte Neger sitzt auf einer Lehmbank und schläft mit offenen Augen wie ein Reptil. Ich wünsche von ihm den Raum auf dem Dach. Er rührt sich nicht; so wiederhole ich meinen Wunsch. Doch er will mich auch weiterhin nicht verstehen. Da sage ich ihm mit gewürztem Koranspruch die Einzelheiten der göttlichen Strafen, die Allah dem androht, der zu Fremden nicht gastfreundlich ist. Darauf erwacht er ein wenig, nicht mehr als nötig, mir gegen geringe Miete einen schweren eisernen Schlüssel zu geben. Dann wird sein Blick wieder starr. Seine beiden großen Söhne haben sich im Dösen nicht unterbrechen lassen. – Das ist hier überall so. Was soll man am Rande der Welt schließlich auch anderes tun?

Die steile, schmale Lehmtreppe von der Gaststube aufs Dach hat verwirrende Eigenschaften. Ihre Stufen sind nicht nur unbegreiflich hoch, ihr Höhe ist vor allem ganz unterschiedlich. Hinauf ist es nur lustig, herab ein Abenteuer. – Das Dach ist getrockneter Lehm, die Holztür vor meinem Schlafkubus grobe Arbeit, ihr Schloß von einem wandernden Schmied der Sahara so ungeschlacht angefertigt wie der riesige Schlüssel.

Im Schlafkubus ist es dunkel. Das »Fenster« ist ein schmaler Spalt in der Lehmmauer. Schließt man die Tür, herrscht Dämmerung. Dennoch erkenne ich an der Seite des Raumes auf dem Lehmboden ein breites und hohes Bett. Ein Bett ist in der Sahara so ungewöhnlich, daß ich die Tür wieder öffne, es bei Licht zu besehen. Es ist kein Feldbett, wie es sich aus der französischen Kolonialzeit schon manchmal findet. Es ist ein hohes und breites, reich verschnörkeltes Bett aus dem Jahrhundert der Kaiserin Victoria selig. Ein Bett aus Gußeisen mit Figurenschmuck und Messingkugeln an möglichen und unmöglichen Stellen. Ein Königsbett ist es, es wiegt eine volle Kamellast. Ein Negerkönig südlich der Sahara ließ es sich aus London senden. Auf dem Karawanenwege blieb es, nur Allah weiß wie, hier zurück. Vergeblich hat der Negerkönig auf sein Bett gewartet. Ich hoffe, er fand anderweits Trost.

Auf dem Boden liegt ein Vorrat an guten Matten, Teppichen und Decken, denn die Händler schlafen auf dem Boden. Das ist auch entschieden vernünftig. Doch eine seltsame Anwandlung lockt mich, im Bett des Negerkönigs zu schlafen. Mit Insektenspray richte ich unter seinen Bewohnern eine große Heimsuchung an; doch sie bleibt unvollständig wie einst auch die Sintflut.

Aus der offenen Tür meines Schlafkubus sehe ich die Lehmhäuser des Saharadorfes, die Plätze des Marktes, den Turm der

Moschee, den bescheidenen Palmenwald. Dahinter erstreckt sich unendlich die Wüste.

Die Wüste gleicht dem Ozean: sie trennt, sie verbindet. Die Sahara verbindet Nordafrika mit den regenreichen Waldländern der Neger. – Die Sahara hat »Häfen« an ihrem Rande; dort reist man ab, dort kommt man an. Dazwischen liegen fünfzig bis fünfundfünfzig Tagereisen mit dem Kamel. Die Sahara hat »Inseln«, Plätze in der Wüste, wo man Wasser findet; meist Brunnen tief im Gestein oder Sand, zuweilen gar Quellen. Vielleicht ist es Grundwasser aus vergangenen Jahrtausenden, vielleicht kommt es durch unterirdische Adern von den Gebirgen. Oft ist dies Wasser bitter, dann taugt es nur für Kamele oder nicht einmal das. Oft ist es halbbitter, selten süß. – Wo Wasser ist, stehen meist Palmen. Ist solche »Insel« bewohnt, so nennen wir sie »Oase«. Ein eigenes Wort für Oase kennt die arabische Sprache nicht; Djenna bedeutet »Oase« und »Paradies«. – »Sahara« ist ein arabisches Wort und bedeutet »das Unwirtliche, Wüste«, kurzum: die Wüste. »Die Wüste Sahara« ist Pleonasmus.

Die »Häfen« am Rande der Wüste sind die letzten Orte, die zuverlässig ausreichend Wasser besitzen. Hier rasteten die großen Handelskarawanen vor ihrem Aufbruch ins Unbewohnte und füllten Rinderhäute und Ziegenschläuche mit Wasser. Tausend oder zweitausend Kamele war eine Karawane groß. Dutzende von Karawanen gingen von hier im Herbst auf die Reise. – Sie führten wenig Ladung. Denn im Inneren der Sahara sind Plätze mit Salz. Mit vier Salzblöcken von je etwa fünfzig Kilo belud man dort jedes Kamel. Dann zog man weiter zu den »Häfen« am Südrand: Timbuktu, Gao, Jenne und wie sie heißen. Dort rastete man, mietete neue Führer und zog weiter ins steppenhafte und später waldige Land der Neger. Dort wuschen Neger Goldstaub aus den Ufern der Flüsse. Sie hatten Gold, doch kein Salz. Ohne

Gold kann der Mensch leben, doch ohne Salz nicht. So tauschten sie Salz gegen Gold in »stummem Handel«; keiner der Handelspartner bekam den anderen zu sehen. Drei Kilo Salz gegen ein Kilo Gold; war Salz sehr knapp, auch Kilo gegen Kilo. Ein phantastischer Handel!

Beladen mit Gold, vielleicht zusätzlich mit Ambra, Elfenbein und Straußenfedern und begleitet von schwarzen Sklaven, die von den Negerkönigen billig zu haben waren, kehrten die Karawanen im Frühjahr zu den »Häfen« am Nordrand zurück – vermindert um die, deren Skelette die Sonne bleichte. Hier wurde gerastet, Mensch und Tier tranken sich satt. Manches ward hier auch schon eingetauscht, ehe man weiterzog durchs nicht mehr ganz Wüstenhafte zur Küste des Mittelmeers. Dort ankerten Handelsschiffe der Genuesen, Pisaner und Catalanen, Gold einzuhandeln. – Fast ein Jahrtausend lang kam Europas Gold auf dem Rücken von Kamelen über die Sahara. Der alte Reichtum Nordafrikas beruht auf dem Handel mit Gold.

Heute gibt es die großen Handelskarawanen nicht mehr. Die Portugiesen erkundeten den Seeweg an Afrikas Küste, die Spanier brachten Gold aus Amerika. Erst langsam, dann rascher sank die Zahl der Karawanen. Die letzten zogen vor fünfzig oder dreißig Jahren. So sind auch die »Häfen« der Wüste verarmt und heruntergekommen.

Doch einige Aufgaben behielten sie: kleine Karawanen, oft mit Schmuggelgut, machen hier einen Teil ihres Handels. Vor allem sind es die Plätze des Austausches mit den Bewohnern der Wüste: der Nomade verkauft, was ihm an Ziegen, Schafen und Kamelen heranwuchs. Schmählich werden die zu den Schlachthöfen der neuen großen Städte geschafft. Die Händler des Wüstenmarktes verkaufen, was der Nomade braucht: vor allem Datteln und Korn; dazu Zucker und Kleidung; auch Schmuck und Ringe aus Silber und Gold. Die sind hier Geld; von Papiergeld will man in der

Wüste nichts wissen. – Solange die Kolonialmacht sie schützte, arbeiteten in den alten Orten am Wüstenrand jüdische Goldschmiede von hoher, eigentümlicher Kunstfertigkeit. Heute sind sie vertrieben.

Mein früherer Wüstenhafen hat etwa zweihundert aus Lehm gestampfte Häuser, einen Marktplatz für die Tiere, einen zweiten für die Händler, eine Anzahl von Karawansereien, eine Moschee und auf ihrem Dach eine kleine Koranschule von ganz reizender Art. Dazu einen mickerigen Palmenwald. – Den Ort schützt eine Lehmmauer mit Türmen und außerdem ein Wüstenfort. Darin gebietet Caid Ibrahim über 20 oder 30 Soldaten, zwei meist kaputte Jeeps und einen Telefondraht zur fernen Welt. Der Telefondraht ist aus Kupfer. Kupfer ist wertvoll. So schneiden ihn die Nomaden oft ab – und damit den Wüstenort auch.

Ein Souk, ein Markt, in Nordafrika ist ein Märchen aus

»Tausendundeiner Nacht«. Ist der Souk in einem Saharaort am Ende der Welt, dann ist das Märchen zwar kürzer, doch dafür noch bizarrer. – Das Märchen hier hat zwei getrennte Kapitel: Außen ist der Marktplatz für Kamele und Ziegen; da bestimmen die rauhen Nomaden das Bild. Davon getrennt durch Mauer, Lehmtürme und schweres, verschließbares Balkentor liegt der Marktplatz der Händler mit Verkaufsboutiquen und auf dem Boden ausgebreiteten Waren unter den Arkaden aus Lehm.

Ich brauche mehr Wüstenkleidung; dies will ich als erstes besorgen. Sorgsam steige ich an den verschleierten Frauen vorbei, die im Schatten der Lehmbögen Schmuck verkaufen; vor allem Fuß- und Armreifen aus schwerem Silber oder aus Gold. Frauen kaufen die. Denn was die Frau sich erarbeitet (einen Teppich gewebt oder Ziegenkäse verkauft) bleibt ihr Eigentum. In islamischen Landen lebt man »in Gütertrennung«. Ihren Besitz trägt die Frau als schwere silberne oder leichtere goldene Reifen um Arme und Knöchel. Auch Silbermünzen zum Anhängen gibt es und auch Münzen aus Gold. Hier hält man es mit dem soliden Wert, man kauft nach Gewicht. Nur bei besonders feiner Arbeit kommt auf den Gewichtswert ein Zuschlag.

Doch ich will ja, zum Kuckuck, nicht dem Schmuckverkauf zusehen, sondern Stoff einkaufen. Aber schon nach wenigen Schritten gibt es Neues zu schauen: Da hat ein Sahara-Arzt unter freiem Himmel sein Behandlungszimmer eröffnet. Es besteht aus einem wackeligen Stuhl und einer Kiste mit Medizin, die überwiegend Theriak, getrocknete große Eidechsen, enthält. Eben zieht er einen Zahn, gegen Vorauskasse, versteht sich. Mit Wonne hilft das herumstehende Publikum, den Patienten auf dem wackeligen Stuhl gut festzuhalten; der Arzt arbeitet hart, der Patient schreit gellend, schließlich schleicht er jammernd und blutend, doch vom schmerzenden Zahne befreit, davon. – Der nächste Patient läßt sich Blut abzapfen. Der »Arzt« schert ihm zwei Stellen hinter dem Hinterkopf kahl, reibt eine besondere Salbe ein, setzt zwei tiefe Holznäpfe an und saugt nun eine Viertelstunde mit dem Mund an zwei hölzernen Röhren. Es ist kurios anzusehen, doch als Behandlung so fremdartig nicht. Mit Blutegeln ist in der wasserlosen Sahara nun einmal nicht zu kurieren.

Doch nun schwöre ich mir, weder rechts noch links zu blicken, sondern Stoff zu kaufen. Da ich weiß, was ich will, ist dies rasch geschehen. Ich hüte mich, den mit Gold- und Silberfäden so märchenhaft bestickten Frauengewändern auch nur einen Blick zuzuwerfen; ich habe ja noch viel zu tun. – Ich gehe zur »Gasse« der Schneider. Das sind sechs oder acht Stände; in jedem rattern ein oder zwei Nähmaschinen ehrwürdigen Alters, mit den Füßen getreten, erkennbar in Europa in Zahlung gegeben beim Kauf einer neuen. – Mein Fall ist einfach: zwei Seruels will ich (das sind weite, ganz luftige Hosen) und zwei Foggias; das ist das sommerliche, wehende Wüstengewand, halb Frauenkleid, halb langes Hemd. Der Schneider, ein junger Berber, nimmt mit Ellenbogenlänge und Daumenbreite das Maß; er merkt sich's im Kopf; dies ist ja der Vorteil des Analphabeten: Sein Gehirn ist weit leistungsfähiger als das unsrige. – Zu erörtern bleibt, welchen Schmuck auf der Kleidung ich wünsche: einfach, mittel, herrschaftlich oder fürstlich. – Ich muß auf mich halten, herrschaftlich also. Das kostet pro Stück knapp zwei Mark mehr, doch dafür gibt es ein Wunderwerk an Ziernähten und Paspeln. Hätte ich's »fürstlich« gewünscht, so wäre dies mit vergoldeten Fäden geschehen. – Zur Mittagszeit soll alles fertig sein.

Nun kaufe ich Mehl. Vier Monate will ich bleiben, Gäste werden kommen, also etwa 70 Kilo. Ich gehe zum Getreidemarkt. Drei Maß Getreide bitte, »Sra«, das ist Roggen. Der Händler schöpft, bis das Maß überläuft. Auch den Sack dafür kaufe ich. Beides ist billig nach unserem Maßstab. – Nun muß das Getreide zur Mühle. Der Händler winkt dazu einen der Jungen mit Esel her, die reichlich herumstehen.

Die Mühle ist in einem Lehmstampf-Haus. Sie ist »modern«; ein kleiner Dieselmotor dreht, tuck, tuck, tuck, die schweren Steine. Der Dieselmotor ist dänischen Fabrikates, uralt, doch unverwüstlich im genauen Sinne des Wortes. Der Müller ist ein schwarzer Mann; heute, am Tage des Souk, ist er wach; während der übrigen sechs Tage schläft oder döst er. Hier ist, Gewerkschaft höre, für fast jedermann die Arbeitszeit nur sechs bis acht Stunden pro Woche. – Der Sack wird in die Ecke gestellt. Andere kamen vor mir. In einer Stunde soll ich wiederkommen. Omar mit seinem Esel nehme ich mit. Zucker als nächstes: vier Monate und Gastgeberpflichten; auch gilt Zucker in der Wüste als Nahrung. Also 25 Zuckerhüte, 50 Kilo. Die Zuckerhüte packt Omar dem Esel in die Seitentaschen. – Nun Öl, zwanzig Liter. Das gibt es in Kunststofflaschen; es ist Sojaöl. An das einheimische Öl mit seinem strengen Geschmack habe ich mich noch nicht gewöhnt; die Leute hier lieben es sehr.

Weiter: Linsen, zehn Kilo. Ein Problem: man kennt keine Tüten. Doch Omar weiß Rat. Vom Händler läßt er sich Geld geben; nach fünf Minuten ist er mit einem prall gefüllten kleinen Sack wieder da. Auf dem Sack steht mit großen Lettern auf Englisch und Arabisch, daß das Mehl drin ein Freundschaftsgeschenk der Vereinigten Staaten von Amerika ist, bestimmt für die Armen des Landes. Streng verboten sei, dies Geschenk zu verkaufen. Doch natürlich wird es verkauft. Nur gänzlich weltfremde Menschen können glauben, daß in einem orientalischen Land Geschenktes an den gelangt, für den es bestimmt ist. Der Händler öffnet das 20-Kilo-Säckchen, läßt das Mehl in seinen großen Mehlsack rinnen und schüttet meine Linsen in das leere Säckchen. Das Säckchen verkauft er mir.

Milchpulver will ich mitnehmen; wir Europäer sind mehr Eiweiß gewöhnt. 10 Kilo »min fathlek«, was »bitte« heißt. »Made in Holland« ist die Milch. – Dann Kekse für besondere Gäste. Nomaden lieben Kekse. Auch halten sich Kekse gut. 8 Kilo Kekse also. – Streichhölzer nun. Das erweist sich als schwierig. Nomaden haben Feuerstein und Pflanzenschwamm; hier im Ort nimmt man Feuer von der Glut der Kochstelle. Doch alle Nachbarhändler helfen, so kommen zehn oder elf Schachteln zusammen. Petroleum – nein, das ist eine andere Branche, draußen im Kamelmarkt, bitte. – Tee als nächstes. Das ist der gute, grüne chinesische Tee der Sahara, erste Qualität, geschmuggelt natürlich. Billig nach unseren Begriffen. 4 Kilo bitte, denn Tee ist hier etwa das, was Bier oder Whisky bei uns sind; wir hören noch genug davon. – Nun Hefe, Hefe zum Brotbacken. Jedoch, mein Gott, ich vergaß das arabische Wort. Das französische kennt niemand. Also erzähle ich, wofür ich sie brauche; alle lauschen angestrengt, doch keiner begreift. Ich bin ja Europäer; niemand kommt auf den Gedanken, daß ich wie die wilden Nomaden im Sande Brot backen will oder kann. Salz bringt er (ist ja wahr, fast hätte ich's vergessen). Doch Hefe will ich »levure, min fathlek«, und ich erzähle noch einmal meine Brotbackegeschichte: Teig, erst flach und platt, doch später dick und rund. Man legt mir vor: Fenchel, Safran, Pfeffer, Räucherharz, Paprika und am Ende sogar Henna, womit die Frauen um der lieben Schönheit willen ihre Handflächen schwarzbraun färben (und noch dies und das mehr). Nein, Henna will ich schon gar nicht. Da hat Omar, der Junge mit dem Esel, eine Eingebung: »Chamira« sagt er. Ja, na klar doch, Chamira, jetzt weiß ich's auch wieder, Chamira natürlich; Staunen und Lachen; doch Omar erzählt von meinen drei Mithkal Getreide und daß ich auch sonst ein ganz seltsamer Ruomi (Ausländer)* sei. Also bekomme ich 60 Beutelchen mit den kleinen weißen Körnern. Gibt 120 Brote, das sollte wohl reichen. Dann noch zehn Pakete mit großen Kerzen. Bezahlt und ab mit dem Esel zum Karawanenhof. Mein kleines Auto sieht mich schräg von der Seite her skeptisch an, als ich es belade. – Warte nur, du kleines Auto; es kommt noch viel mehr!

Nun Petroleum und Benzin. Petroleum ist zwar Luxus; doch hier im Dorf leisten sich einige diesen Luxus, so ist es zu haben. – Das Benzin gibt die Tankstelle. Die Tankstelle besteht aus einem verbeulten Faß. Ich will 100 Liter, denn auf Wüstenpisten verbraucht man unglaubliche Mengen. Doch bei 60 Litern fängt das Faß an zu schlürfen. Erst stellen wir's schräg, danach auf den Kopf. Bei 77 Litern und einigen Tropfen ist ausverkauft. Mehr Benzin hat der Ort nicht. Wozu auch? Alle drei oder fünf Wochen kommt mal ein Touristenauto, sonst braucht niemand derglei-

* »Ruomi« heißt eigentlich »der Römer«. Das Wort bedeutet heute »der Fremde, der Ausländer«. – Es hat sich aus der Zeit lebendig gehalten, als vor etwa zweitausend Jahren das damals mächtige Römische Reich auch die afrikanische Küste des Mittelmeeres besetzt hielt und Römische Soldaten und Händler gelegentlich auch in das Innere der Sahara vordrangen.

chen. Wäre das Faß leer gewesen, so hätte ich eine Woche bis zum nächsten Markt warten müssen.

Also trägt das Eselchen die vier Kanister zu meinem Auto. Mein Renault geht merklich in die Knie. »Kleiner Renault«, sage ich, »nimm dich zusammen, mache dich stark! Wenn du mich jetzt ärgerst, dann kaufe ich mir auf dem Markt ein Kamel und laß dich hier einfach warten!« (Was sowieso das Vernünftigste wäre). – Auf diese Weise bedroht, reißt sich der kleine Renault wieder zusammen. Sich von einem Kamel beschämen zu lassen, rührt an seinen Stolz als europäisches Auto.

Nun holen wir das Mehl. Das Mahlen kostet drei Dirham, etwa eine Mark sechzig. Dann gehen wir zum Gemüsemarkt; Kartoffeln, Zwiebeln, Möhren und »zum Abgewöhnen« auch noch ein paar Orangen. Doch von allem nicht viel. Es ist einfach zu schwer, enthält auf den Nährwert bezogen, zu viel Wasser. – Danach entlohne ich Omar, den Eselsjungen. Er nennt sogar fast den richtigen Preis, etwa einsfünfzig pro Stunde. So nimmt er am Markttag, wenn Allah ihn nicht allzulange auf Beschäftigung warten läßt, vielleicht zehn Mark ein. Das muß dann für ihn, seinen Esel und eine Herde von kleinen Brüdern eine Woche lang reichen!

Jetzt gehe ich zum Schneider. Der hat fleißig seine Maschine getreten, doch er hatte noch andere Kundschaft. Er ist zwar fast fertig, doch noch nicht ganz. Etwas später, bitte. – »Wacha!« sage ich, in Ordnung, und schlendere durch das Balkentor auf den Kamelmarkt. Da stehen die Familienchefs der Nomaden mit einem oder zwei Kamelen, die sie verkaufen wollen. Männer in mittleren Jahren oder auch ältere Männer, erfahren und vom Leben gezeichnet. Ein Sohn oder ein Hüter begleitet sie. Auf dem Kamelmarkt stehen auch die Händler, die Kamele kaufen. Auch die sind vom Leben gegerbt, doch auch noch mit allen Wassern

Der Kamelhändler

gewaschen; je zwei arbeiten zusammen. Dazu ein Dutzend meist älterer Neger als Helfer der Händler, Sklaven früher, Freie heute; doch was sie mit Freiheit anfangen sollten, wüßte keiner zu sagen. Fortgehen könnten sie wohl. Doch wer ernährte sie dann? Ein Gedanke huscht mir durchs Gehirn: Sklaverei ist soziales System in perfekter Vollendung: für Arbeit wird Sicherheit geboten. Verläßt du die Arbeit, ist die Sicherheit futsch.

Ein Kamelmarkt ist wild und dramatisch. Angstvoll röhren die gefesselten Kamele. Ein Kamel ist ja ein riesiges Tier, 600 Kilo oder mehr. Ein Biß zermatscht eine Schulter, zerknackt einen Arm. – Als erstes sucht der Händler in ihrem Maule nach Parasiten; denn sie mindern den Wert des Tieres: Einer der Neger legt ein Tau flach auf den Boden als große Schlinge. Zehn Neger halten ihr Ende. Der Nomade führt das Kamel über die Schlinge, die zehn Neger rennen los, die Schlinge schließt sich um ein Bein des Kamels, zehn Neger ziehen nach rechts, ein Kamel in Todesangst auf drei Beinen nach links. Am Ende stürzt das Kamel krachend zu Boden. Vier oder fünf Neger lassen das Tau, rennen zu dem gefallenen Tier, drücken seinen langen Hals auf die Erde, setzen sich drauf und halten vor allem das gefährliche Maul. Das Kamel röhrt vor Angst, daß das Blut gerinnt.

Zwei Neger öffnen sein Maul und sichern es mit einer Art Keil. Nun kommt der Händler, seine Hand nimmt etwas Sand und greift damit suchend in die hinteren Taschen des Maules; oft kommt sie blutig mit einem oder zwei zerquetschten Parasiten wieder heraus. – Der erste Akt eines Kamelkaufes ist damit beendet. Alle Neger stehen gleichzeitig vom Halse des Tieres auf; das Kamel rappelt sich verstört auf die Beine, bleibt aber gefesselt. – Nun beginnt eine stundenlange Verhandlung über den Preis. Wollte ich die noch schildern, so käme ich nie zu meiner Oase.

Meine Saharakleidung ist fertig; zwei Hosen und zwei Foggias, Stoff und Arbeit zusammen etwa 60 Mark. Vorwurfsvoll schaut

… und einer seiner schwarzen Helfer

mein Renault, als ich auch dies Paket noch bringe. Ich rede ihm gut zu, denn zwei Kanister mit Wasser muß er noch tragen und ein paar Wüstensandalen. Aus alten Autoreifen ist deren Sohle; nur die schützen wirksam gegen die starken Stacheln. – Doch jetzt ist es wirklich alles. Schreibzeug und Bücher sind schon verpackt. Auch Kochtopf, Brotbackschüssel und Teegeschirr, Waschzeug und Reiseapotheke. – Feuerholz, Datteln und Wasser liefert die kleine Oase. Nun bin ich komplett.

Sehr früh am nächsten Morgen fahre ich weiter. Ich fahre mit äußerster Vorsicht, denn schwer ist mein Auto beladen. – Viele Feinde hat ein Auto in der Wüste. Die Pisten führen meist über Steine, die sind eigroß, faustgroß, kopfgroß oder halbmetergroß. Ein falsch eingeschätzter Stein zerschlägt die Ölwanne – dann ist das Auto tot. – Meinem Auto gewährt eine Stahlplatte unter dem Motor etwas Schutz. Auch ist die Federung auf äußerste Höhe gestellt. Doch ein Auto in der Wüste bleibt ein gefährdetes und damit gefährliches Ding. Im zweiten Gang schleiche ich mit zehn Stundenkilometern dahin. Stundenlang schon steht der große, typische Tafelberg vor mir und will nicht näherrücken.

Zwischendurch kreuzen Schluchten die Piste. Schluchten zu queren bedeutet: drei oder acht Meter ganz steil hinunter, unten über weichen Sand, der oft gefährliche Steine verbirgt, drüben drei oder acht Meter ganz steil wieder hinauf. – Vor jeder Schlucht steige ich aus, untersuche die Abfahrt, wälze unten zu große Steine weg, bezeichne verborgene und prüfe danach die Auffahrt. Sie ist steil, sie muß mit Schwung genommen werden wie auch der Sand auf dem Grunde. Stets ist es eine rechte Angstpartie. Sieht es zu heikel aus, dann mache ich das Auto leichter und schleppe die Dinge zu Fuß. »Ein Kamel müßte man haben«, stöhne ich.

Mittags treffe ich zwei Hirtenjungen, einen bald nach dem anderen. Hier ist eine Region tiefer Brunnen, freilich mit bitterem Wasser. Deshalb sind hier Herden, daher die Hirten. – Achtjährig mag der erste sein, in schlechter Kleidung, verschüchtert. Um Wasser bittet er mit leiser Stimme. Ein Glas voll trinkt er, gibt mir das Glas wieder, und ich schütte es ihm noch einmal voll. Er ist ganz erstaunt, daß ich zwei Glas des guten Wassers weggebe, des süßen, nicht bitteren Wassers. So gibt es also wirkliche Wunder in seinem jungen Hirtenleben! Zwei Glas süßes Wasser! Er ist ein Schlöh, ein Berber, kein Araber. Da er leise und undeutlich spricht, verstehe ich ihn schlecht. Er hütet Ziegen... dort hinter dem Berg. Er hat es eilig, denn er ließ die Herde allein. Gottes Segen wünscht er mir, dann rennt er davon.

Der zweite Bub kommt von einem weit abseits stehenden schwarzen Zelt hergerannt. Ein Knirps in wollener Kapuzenjellaba. Er spricht arabisch, hat eine bescheidene, doch zutrauliche Art, hat gute Manieren, ist hellen Verstandes, fragt nach Woher und Wohin. Nein, er will nichts haben, er will eben nur an diesem Platze, wo es keine Autos gibt, das Auto begrüßen... Um seinen Hals hängt an einer Lederschnur in flachem, rechteckigen Lederbeutel ein schützendes Amulett. – Sein Vater, sagt er, lädt mich ein, zu seinem Zelte zu kommen. – Doch ich muß weiter.

Berber, die eingesessene Überbevölkerung, Araber, die erobernd eingedrungene Herrenschicht, das über tausendjährige Problem dieses Landes. Die französische Kolonialmacht hatte Frieden geboten. Doch die französische Kolonialmacht ist nun fort. Wie lange werden die beiden so verschiedenen Rassen noch in Frieden nebeneinander leben? Wann wird die alte, blutige Auseinandersetzung ihre Fortsetzung nehmen? Vielleicht sehr bald, noch während ich hier bin? – Hadsch Schech Baschir, der so vieles weiß, wovon kein Europäer hört, hat mich nicht gern ziehen lassen. Doch was soll mir jetzt Kleinmut?

Ein Tafelberg, die typische Landschaftsform der Sahara. Tafelberge sind, wie Leuchttürme an Küsten des Meeres, die Markierungspunkte bei Wüstenreisen. – Vor dem Tafelberg eines der großen Zelte der Kamelnomaden.

Es ist Mittag geworden, und die Sonne brennt heiß. Der Tafelberg liegt endlich hinter mir. Weite Umwege hat die Piste genommen, um auf steinigem Boden zu bleiben. Doch nun ist es unvermeidbar geworden: die erste längere Sandstrecke liegt vor mir: einen Kilometer weit in einem breiten, trockenen Tal durch Sand! Doch gibt es im Sand einzelne Stellen mit festem Boden.

Ich lasse das Auto stehen, schreite die Sandstrecke ab, markiere mit Stöcken die günstigste Route, bezeichne die gefährlichen, tiefen Rinnen im Sand, die ich meiden muß, setze Marken vor Beginn und am Ende der kurzen Strecken mit festem Boden. Die muß ich erreichen, ohne im Sand steckenzubleiben. Von da aus muß ich mit neuem Anlauf an die nächste Sandstrecke gehen.

Ich entleere das Auto von allem Schweren. Dann lasse ich Luft aus den Reifen, daß das Auto auf »halbem Plattfuß« fährt. Dann geht es los. Den fast leeren Wagen fahre ich erst ein Stück weit rückwärts. Dann sende ich ein Stoßgebet zum Himmel und beschleunige, so stark ich kann. Mit heulendem Motor und 70

Stundenkilometern jage ich im dritten Gang in den aufstäubenden Sand. Der Wagen schlingert, will ausbrechen in die tiefen Sandrinnen, verlangt härtestes Gegensteuern, verliert an Geschwindigkeit. Ich muß in den zweiten Gang zurückschalten, Heulen, Schlingern, Gegensteuern – und mit dem letzten Rest an Fahrt gewinne ich das erste Feld mit festem Boden. Allah sei Dank! Doch noch drei Sandstrecken liegen vor mir.

Zur Abwechslung schleppe ich nun erst den Mehlsack, die Zuckerhüte, Wasser- und Benzinkanister zu dieser ersten Etappe. – Dann neuer Anlauf, und wieder glückt es. Doch im dritten Sandfeld bleibe ich stecken. Das bedeutet viel Arbeit: vor den Rädern den Sand weggraben, vor die Räder Bretter legen, weiter voraus so gut wie möglich mit Steinen und dürrem Gestrüpp eine etwas festere Fahrbahn schaffen, den Wagen fast ganz leeren. – Dann: den zweiten Gang einlegen, mit dem Choke etwas mehr Gas als Leerlauf geben, dann Schulter unter den Wagen stemmen und nun (barbarisches, doch hochwirksames Verfahren) den Wagen, ohne daß anfangs der Motor läuft, nur mit dem Starter ganz sanft aus dem Sande zu ziehen und dabei, von draußen steuern, mitzuschieben, bis schließlich der Motor anspringt, und man das Auto, ständig von außen steuernd und schiebend, schließlich auf festen Boden bringt. – Es gelingt und spart die große Arbeit, den Wagen mit dem Wagenheber erst auf höheres Niveau zu bringen.

Noch zwei ähnliche Sandfelder folgen. Doch als es zu dunkeln beginnt, sehe ich endlich die Palmenköpfe über einen Steinberg blicken. Das ist mein Ziel. Ich lasse, halb schon Nomade geworden, das Auto in einer Schlucht stehen und gehe zu Fuß nachsehen, ob schon andere da sind und von welcher Art. Niemand ist dort.

Der Platz für mein Zelt ist noch sauber. Ich baue es auf. Den tapferen kleinen Renault fahre ich ganz tief in den schmalen Spalt zwischen Palmendickicht und Zelt. Morgen werde ich mit trocknen Palmenblättern das Auto ganz unsichtbar machen. – Nach kurzer Dunkelheit geht der Mond auf, groß und hell, und ich kann noch vieles ordnen. Ein wenig esse ich noch, ein wenig lese ich noch. Doch um mich richtig zu freuen, bin ich einfach zu müde. Schließlich schlafe ich ein.

Der kleine Planet

In der Nacht weckt mich Kälte. Bleichweißes Mondlicht zeichnet auf der Zeltwand die Schatten der Palmenblätter mit ihren hundert Fingern. Es ist windstill, kein Geräusch. Nur weit in der Wüste bellt ein Schakal. Es ist bitter kalt. Die dritte Decke ziehe ich über Körper und Kopf. Dann holt der Schlaf mich wieder.

Blendende Helle! Sonnenlicht trifft die Zeltwand. Ich werfe die Decken zur Seite, öffne das Zelt, stecke die nackten Füße in die Wüstensandalen und trete ins Freie. Den wollenen Hirtenumhang werfe ich um mich, kalt und klar ist die Luft. – Aus meiner Palmengruppe heraus trete ich auf gelben Wüstensand. Fünfzig Schritte entfernt steht eine zweite Gruppe von Palmen; in der ist die Quelle; dahinter und ringsum die Wüste: anfangs noch einzelne Gruppen von Palmen, dann Sand und kahle Steinkuppen in immer neuen Wellen. Dahinter die Pyramiden der großen Dünen; hellgelb, wo die Sonne sie anstrahlt, wo sie im Schatten sind, schwarz.

Als erstes besuche ich meine Quelle. Ihr Wasser ist klar und gut. Es ist etwas warm, als käme es aus sehr großer Tiefe. Es füllt ein rundes Loch im felsigen Boden, so groß, wie mein Arm lang ist. Auf dem Grunde liegt gelber Sand. Der wallt mal hier, mal dort zu kleinen Wirbeln auf. Dann bilden sich Wölbungen an der

Dahinter die Pyramiden der großen Dünen, hellgelb, wo die Sonne sie anstrahlt.

Oberfläche des Wassers. Die Spiegelbilder der Palmen verkürzen, biegen und dehnen sich; ein Bauchtanz der Palmen. – Neben dem Wasserloch steht ein Schöpfbecher für die Menschen; der Unterteil einer Blechtonne nahebei dient zum Tränken der Tiere.

Bei meinem Zelt entzünde ich zwischen drei Steinen ein kleines Feuer; darauf stelle ich die Teekanne mit Wasser. Dann greife ich eine Handvoll Datteln und mache um meine Palmengruppe die Runde. Mit sechzig Schritten ist sie umkreist. Sie hat nur acht große Palmen. Sechs tragen ihr Haupt noch auf hohem Stamm, zwei stürzte der Sturm. Ihre halbmeterdicken Stämme liegen gekrümmt auf dem Boden wie riesige Schlangen mit Schuppen. Zwischen den Stämmen der großen Palmen wuchern junge Palmenbüsche mit mannslangen Stachelblättern zu undurchdringlichem Gestrüpp. Meine Palmengruppe im Sand ist wie eine umgürtete Festung.

In der Mitte der Palmenfestung ist ein freier, ebener Platz. Dort habe ich mein »Haus« erbaut, mein Zelt. Nicht das schwere schwarze Zelt der Kamelnomaden, sondern das einheimische »Kiton«, das Zelt der Händler und Reisenden. Aus derbem Baumwollstoff, robust, einfach, praktisch und geräumig genug, etwa drei mal drei Meter. Auf den Boden breite ich einen großen wollenen Teppich. Auf der einen Seite ist auf mehrfach gefaltetem Teppich mein Lager. Auf der anderen stehen Schreibtasche, Bücherei, Petroleumlampe, Taschenlampe und Kerzen. Rings um die Palmenfestung erstreckt sich die Wüste.

Das Teewasser auf dem Holzfeuer kocht. Eine kleine Handvoll des Tees der Sahara gebe ich darauf. Von einem Zuckerhut schlage ich mit einem Stein einige Brocken ab. Der Tee stammt aus China. Auf Kamelrücken wird er von der Atlantikküste in dies Niemandsland zwischen Algerien, Mauretanien und Marokko gebracht. – Das Teeglas in der Hand sitze ich auf dem gestürzten Palmenstamm vor meinem Zelt und denke über die Einrichtung nach. – Es ist ja viel zu bedenken: Ich bin weit in der Wüste, allein und ganz auf mich gestellt. Die frühere Oase hat zwar eine Quelle, doch keine Bewohner; ihre Siedlung wurde zerstört. Sie ist Streitobjekt verfeindeter Stämme – und deshalb unbewohnt.

Ich durchwandere meine kleine Oase, die »unbewohnte Insel« im Meere der Wüste. Eine ganz kleine Insel ist es; in fünf Minuten kann ich sie nach ihrer Länge, in einer nach ihrer Breite durchschreiten.

Alles auf meiner »Insel« lebt von der Quelle. Ich folge dem Wasser: Über den Felsrand des sauberen Quellenloches rinnt es freundlich glucksend in ein zweites Felsenbecken. Danach hüpft es ein paar Meter weit über eine felsige Schräge. Unten wird es sumpfig aufgestaut. Da sprießt grünes Gras, und unter allerhand Pflanzengeschlinge leben zwei Dutzend kleine, ganz magere Frösche. Wie die in die Wüste gelangten, weiß Allah allein. – Der grüne Sumpf ist nur zehn Schritte lang. Dann stauen zwei große Steinplatten das Wasser. Zwischen denen hindurch fließt es in eine undurchdringliche Urwaldröhre, gefüllt mit grünen Lianen, braunen Luftwurzeln, stacheligen Palmenblättern; ein Ort ewigen Schattens. Am anderen Ende der Urwaldröhre liegt gestürzt ein toter Baum. Im Schutze seines bleichen Geästes steht hohes, starkes Schilf, ganz dicht und grün. Große weiße Federwische neigen sich darüber voll Würde im Wind.

Meinem Zelt gegenüber steigt das Ufer des Baches als steinige Böschung auf. Oben steht ein reichlich mannshoher Würfel aus flachen Steinen. Dies ist das Grabmal des heiligen Mannes. Es ist für mich so wichtig wie die Quelle.

Danach ist es mit dem lieblichen »Garten« zu Ende. Unvermittelt tritt der kleine Bach in dürres Land: Sandwüste rechts, Lehmboden und Steinwüste links. Zwischen beiden tränkt das Wasser einen schmalen, bedrohten Streifen wuchernder Vegetation: grünes Buschwerk, niedriges Schilf, hartes Gras und buschig-struppige Palmen. Hier herrscht Kampf ums Dasein. Tiere fressen vom Grün, Wind trägt Sand in das Bachbett, am Rand liegt ein gelblicher Saum von Salz. Doch tränkt das Wasser dort noch mehrere Gruppen von Palmen. – Dreihundert Schritt von der Quelle wölbt sich links vom Bachlauf ein kleiner Berg. Er trägt die Ruinen der früheren Oasensiedlung, mannshohe Mauerreste aus Lehm. Dazu fünfzig Gräber, eins neben dem anderen.

Von diesem Berge verfolge ich das Schicksal meines Baches: Immer spärlicher wird das Wasser, immer magerer das ruppige Buschwerk, immer häufiger schieben sich Sandzungen in seinen Weg. Plötzlich, wie abgeschnitten, endet das Wasser, es ist versickert, verdunstet. Ein Stück weit steht noch hartes, salzfestes Stachelgras, das nur ein Kamelmagen verdaut. Dann folgt weißes Salz mit Sand vermischt – die Wüste. So endet dieses köstliche Spiel der Natur, durch unterirdische Felsspalten Wasser weit in die Wüste zu senden, trostlos in fahlweißer Öde.

Dies also ist meine unbewohnte »Insel«, mein fremder Stern im luftleeren Raum: seine Quelle und ein ganz kurzer Bach, drei Dutzend richtige Palmen und viele halbtote, ein heiliger Mann und sein Grab sowie ein zerstörtes Dorf und die Gräber seiner Bewohner. – Dazu nun mich und mein Zelt und Vorräte für lange Zeit. ... Was wird daraus werden?

Bei meinem Zelt nehme ich ein neues Glas Tee und bedenke das Unterbringen der Lebensmittel: Menschen stehlen hier nichts. Doch an Schakal und Hyäne muß ich denken und an die zahllosen kleinen Nagetiere der Wüste, auch an Ameisen und Vögel. So werde ich die meisten Vorräte hinter dem Zelt in zwei Holzkisten an Drähten zwischen die Palmen hängen. – Eine windgeschützte Kochnische will ich mir vor dem Zelteingang unter dem gestürzten Palmenstamm schaffen. – Meist werde ich aber wohl mit Wüstenbewohnern gemeinsame Mahlzeit halten.

Nachdem hier mein Zelt steht, obliegen mir Gastgeberpflichten; denn es ist ja islamisches Land. Ich übernehme sie gerne. Habe ich das islamische Gastrecht doch selbst oft genug in Anspruch genommen. Wer immer geritten oder gewandert kommt, wird mit Tee und Datteln bewirtet. Große Mahlzeit hält man in der Wüste nur abends. Da werden wir gemeinsam Brot backen, kochen und essen. Das Leben der Sahara wird an mir vorüberziehen, und ich will ein Teil von ihm sein.

Doch erst gehe ich, dem Grab des heiligen Mannes Reverenz zu erweisen, denn ich lebe auf seinem Gebiet und in seinem Schutz. Das Grab und seine Umgebung sind geheiligte Stätte. Kein Muslim wird hier stehlen, rauben oder eine Untat begehen. Sidi Abd-er-Rachman heißt der stille Herr dieses Ortes. Ich bin sein Gast. Das Grabmal steht auf der anderen Seite des Baches. Es ist ein einfacher Würfel mit dicken Mauern, ein ganz kleines Haus. Die Mauern sind aus rohen Steinplatten geschichtet; auf dem flachen Lehmdach ragen an den Ecken steil lange Steine hoch. Sie geben dem einfachen Bau einen seltsamen architektonischen Reiz.

Eine primitive, niedrige Holztür an Lederscharnieren steht offen. Gebückt trete ich ein. Nach dem Brauche spreche ich »Bismillah«, im Namen Gottes. Der enge Eingang und ein schmaler Spalt in der Mauer lassen etwas Licht herein. Langsam gewöhnen sich die Augen an die Dämmerung. Der Boden ist harter Lehm. In der Mitte erkenne ich eine längliche Erhebung etwa von Form und Größe eines menschlichen Körpers. Doch es ist kein Bildwerk; es ist nur die Erde, die der Körper einnahm, ganz grob in dessen Form gebracht. Starre und Ungenauigkeit der Gestalt erinnern an einen Mumiensarg. Das Haupt zeigt nach Osten; da steht ein unbehauener Stein, ein kleinerer ist bei den Füßen.

Rohe, geschichtete Steine umgrenzen den kleinen Raum.

Gevierteilte, verkrümmte Palmenstämme tragen das Lehmdach. Kein Schmuck ist da, doch überall sind kleine, ganz bescheidene Opfergaben: Büschel bunter Wollfäden, golddurchwirkte Bänder, Fäden mit Glasperlen hängen von der Decke, an den Wänden oder um den Stein beim Haupt des Heiligen. Alles sind Opfergaben von Frauen, die um Fruchtbarkeit bitten, denn nur die Frau zählt hier für den Mann, die ihm viele Kinder gebiert.

Auf dem Mumienhügel steht ein Tontellerchen. Münzen von geringstem Wert liegen darin. Doch in der Sahara, wo Geld selten benutzt wird, bedeutet auch geringe Münze viel. In einer Ecke liegt ein Haufen von Kerzen; denn um etwas zu erbitten, schläft man eine Nacht lang beim Grabe. Tonkrüge stehen da, bauchig, schwarz und grob nach Sahara-Art. Auch Erdhacke und Schaufel, ein Grab auszuheben.

Die Opfergaben sind Zeichen von Frömmigkeit. Frömmigkeit zeigt, daß das Leben nicht nur vom bloß Materiellen bestimmt wird, daß die Gedanken und Bindungen über das bloß Animalische hinausreichen. Es zählt doppelt in einer so harten Umwelt, wie die Wüste es ist.

Zu den Kupfermünzen auf dem Opferteller füge ich eine Silbermünze. Dann spreche ich leise die erste Sure des Korans. Sie gleicht unserem »Vaterunser«. Ich sage sie auf arabisch, denn es ist erlesene Sprache. Keine Übersetzung wird ihr ganz gerecht, dennoch versuch' ich's:

»Im Namen des barmherzigen Gottes!
»Gelobt sei der Herr aller Welten,
»Erbarmend und gnädig,
»Herrscher beim letzten Gericht.
»Dich beten wir an,
»Bei Dir suchen wir Hilfe
»Führe uns den richtigen Weg!

»Laß uns nicht irren,
»So daß Du uns nicht zürnest,
»Wie denen, die in Sünde leben.

In meinem Herzen denke ich: »Wer Du auch warst, heiliger Mann, die Kinder Deines Landes ehren Dich, so hast Du auch meinen Respekt. Dein Leben diente, Gesittung zu heben und das Zusammenleben der Menschen leichter zu machen. So sind wir in mancher Hinsicht Brüder im Geiste. Dein Leben trug mehr Früchte als meines; so bist Du der wichtigere. Erlaube mir, Gast zu sein eine Zeitlang am Platze Deines Wirkens. Ich komme mit gutem Herzen. Ich will lernen, wie Deine Kinder leben, und davon in meiner Heimat erzählen. – Absichtlich werde ich hier nichts Unrechtes tun.« – Danach bücke ich mich durch den engen Eingang hinaus. Draußen umflutet mich eine Welt greller Sonne.

Im Wüstenboden um das Steinhaus des heiligen Mannes sind Gräber. Fast dreißig einfache, längliche Erdhügel aus steinig-lehmiger Erde. Ein Stein steht zu Häupten, ein kleinerer bei den Füßen. Die meisten Gräber sind alt. Doch drei sind neuer. – Auf jedem Grab liegt ein schwarzer, kugelig-bauchiger Sahara-Krug als Wohnplatz für die Djinnun. Das sind jene Geisterwesen, an die jeder Afrikaner felsenfest glaubt. Kleine runde Erdlöcher sind in manchen Gräbern und gleichen den Löchern von Schlangen. – Eine primitive Leiter aus Palmenholz liegt da; denn im Sommer schläft, wer etwas erbittet, oft auf des Grabhauses Dach. – Ich weiß, wie sehr die Nomaden wünschen, bei einem Morabitu begraben zu sein. Nicht immer ist das leicht, denn vor der Nacht muß die Leiche in der Erde ruhen. Oft hilft dann nur äußerste Eile.

Ich gehe zu meiner Quelle, trinke etwas, setze mich dann auf einen Stein und lausche dem kleinen Glucksen des Wassers. Die Gedanken lasse ich wandern: Das ganze nördliche Afrika ist voll

Ein Morabitu in Nordafrika. Meiner in der verlassenen Oase war viel bescheidener.

solcher Gräber heiliger Männer; dieses hier in der Wüste ist das ärmlichste, das ich je sah. Sonst ist ein Morabitu größer, trägt meist eine Kuppel, ist weiß gestrichen, ist zuweilen wie eine kleine Moschee. – Die Verehrung heiliger Männer ist eine Eigenart Afrikas. In anderen islamischen Ländern hat man damit wenig im Sinn. – Der Einfluß dieser heiligen Männer ist in Afrika groß: zu ihren Lebzeiten lenken sie Landbau und Handel, leiten Recht, Religion und Erziehung, sind zuweilen wie kleine Könige. In einigem gleichen sie den Mönchen der Christenheit; doch sie haben Frauen, Kinder und oft großen Besitz an Vieh und Land. – Nach ihrem Tode wird ihnen ein Grab gebaut, und weit kommen die Menschen, dort zu bitten und zu beten.

Dies und anderes sinniere ich. Dann quere ich den Streifen sonnenheißen Sandes vor meinem Zelt... da begegnet mir die Schlange. Lautlos und schwerelos gleitet sie über den Sand. Sie ist fast zwei Meter lang, schmal, braun und glänzend. Schräg vor mir verharrt sie, auch ich bleibe stehen. Sie hebt ihr schmales, schönes Schlangenhaupt und betrachtet mich ruhig und lange. Beide bieten wir uns zur Betrachtung dar – gewiß eine Minute. Dann wendet die Schlange ihr Haupt und gleitet fort. Im Bogen zieht sie, verliert sich im Schilf des kleinen Baches. Dann sehe ich sie drüben bei den Gräbern am Grabmal. – Natürlich lasse ich sie ziehen. Sie ist hier zu Hause, ich bin der Gast.

Ich habe mein Zelt geordnet und die Lebensmittel hinter dem Zelt in die Palmen gehängt. Nun bin ich fertig.

Schnell fällt die Dämmerung. Erst leuchteten die Farben kräftiger auf, nun verblassen sie rasch. – Palmen, Bambuswäldchen, Steinkuppen und das Grabmal verschmelzen zu schwarzer Kontur. Nur der Streifen Wüstensand vor meinem Zelt liegt noch in ungewissem Dämmerlicht.

Da huschen in eiliger Zickzackspur schwarze Wesen über den Sand. Ich höre nichts, kann nichts Genaues erkennen. Doch ich bin absolut sicher, daß da flache, dunkle, unbegreifliche Gestalten ein schattenhaft huschendes Wesen treiben; unbegreiflich – doch vorhanden! Ich stehe still, suche nach einer Erklärung, doch finde keine.

Oder sind dies die Djinnun? Djinnun, so lernte ich, gibt es fast überall. Am häufigsten sind sie in der Dämmerung und des Nachts. Jede Gestalt können sie haben, zwielichtig ist ihr Tun. Meist schaden sie dem Menschen, selbst töten können sie ihn; doch manchmal tun sie auch Gutes. – Man muß laut sprechen »Bismillahi rachmani rachim«, im Namen des barmherzigen Gottes, dann verschwinden sie. – Ich sage laut »Bismillahi rachmani rachim!«, da raschelt es im Palmendickicht, gibt ein paar gicksende Laute – danach ist es still.

Wie will ich mich dazu stellen? Ich sage mir so: hier ist islamisches Land und Afrika außerdem; hier will ich eine Zeitlang leben. Djinnun gelten für die Afrikaner so sicher als vorhanden wie für uns in Europa beispielsweise das Atom. Auch das Atom können wir weder sehen noch greifen, nicht einmal uns ein genaues Bild von ihm machen, aber ein vorzügliches Denkschema ist's, brauchbar vom Taschenrechner bis zum Kernkraftwerk. Doch zum Verständnis der Phänomene der Sahara werden Europas Denkbilder vermutlich ganz untauglich sein.

Ich will hier leben, will diese Menschen verstehen. Und richtig verhalten muß ich mich außerdem. So muß ich also auch lernen, »afrikanisch« zu denken. Ich werde meine europäischen Denkbilder eine Zeitlang auf Urlaub schicken und afrikanische benutzen. – So akzeptiere ich die Djinnun. Freilich mit der gleichen reservatio mentalis, wie sie gegenüber jedem Denkschema angebracht ist. Der gute Naturwissenschaftler braucht diesen inneren Vorbehalt nicht weniger als, sagen wir, Ignatius von Loyola. – Ob ich damit nicht meine Persönlichkeit aufgäbe, fragt ihr? Ach geht nach Hause! Die ruht doch auf festeren Fundamenten, als daß bloße Denkbilder, von denen unsere Welt heute überquillt, ihr etwas anhaben könnten.

Dunkle Nacht ist's geworden. Djinnun oder nicht, heute werde ich kein Feuer vor dem Zelt machen. Ein seltsames Erlebnis ist es schon, allein, meilenweit allein, in der nächtlichen Sahara zu weilen.

Habe ich Angst? – Ich finde, so kann man nicht fragen. Es ist ein Unterschied zwischen schlotternder Angst und dem nützlichen Bewußtsein, daß ein fremder Kontinent voll unbekannter Gefahren steckt. Mit Angst oder Feigheit hat das nichts zu tun. Wäre ich feige, so wäre ich nicht hier. – Es ist das Abenteuer; ich habe es stets geliebt. Mit allerhand Geschick brachte ich's fertig, fast jeden Lebensabschnitt mir zum Abenteuer zu machen: als ganz junger Soldat den Krieg, als Student ohne Geld, meinen Beruf als Wissenschaftler und die Zeit danach. Jedes wissenschaftliche Experiment, mit Phantasie und Sorgfalt angelegt, ist ein Abenteuer für sich. – Auch ein Buch zu schreiben, ist ein Abenteuer. Am Anfang sind nur weiße Blätter. Um es zum Ganzen zu fügen, braucht es eine jahrelange Kette von »Abenteuern« mit zahllosen Höhen und Tiefen.

Ich finde: Erst Abenteuer und Gefahr machen unser belangloses Gastspiel auf diesem Stern zum voll ausgeschöpften Erlebnis.

Erst sie geben unserem Lebensschiff Tiefgang. – Dies ist zwar keine neue Weisheit, doch sie ist heut meist vergessen.

Also heute kein Lagerfeuer. Doch auf den Steinberg hinter meinem Zelt werde ich steigen. Ich greife meine Hirtenselham, den weiten Umhang aus Wolle; denn mit der Nacht kam die Kälte. Dann taste ich mich die steinernen Stufen hoch, die Natur diesem Felshügel gab. Bei seiner Spitze, dicht bei dem kräftigen Tuja-Baum, dessen lange Wurzeln vom Wasser der Quelle saugen, setze ich mich auf den Felsen. Er birgt noch die Wärme der Sonne. – Vor mir stehen in der noch mondlosen Nacht die schwarzen Konturen der Palmen. Am Himmel flimmert eine Welt von Sternen. Die Sterne sind wohl das größte Wunder der Wüstennacht! Nirgendwo sind sie heller, nirgendwo sieht man mehr. Eine Sternschnuppe folgt auf die andere. Die größeren ziehen wie Raketen über den halben Himmel und verbreiten ein grünes Licht; dann nehmen für Sekunden auch die Palmen Gestalt an. – So sitze ich lange in der Wüstennacht und bin von Herzen glücklich. Reisen ist stets am eindrucksvollsten, wenn man allein ist.

Nun bellt der erste Schakal. Bei den fernen Sanddünen sehe ich einen feinen, flackernden Punkt. Nein, ich täusche mich nicht, ich kenne das: Weit entfernt brennt dort ein Lagerfeuer. Hirten müssen das sein. Eine Handelskarawane würde ihr Feuer in einem Tale machen, daß niemand es sieht. – Im weiten Raum um meinen »kleinen Planeten« leben also doch noch andere Menschen.

Ich kehre ins Zelt zurück und lese. Unterdes geht der Mond auf. Da mache ich noch einmal die Runde. In meinem Zelt brennt nun die Lampe. Von innen heraus strahlt die Leinwand, als stünde zwischen den Palmen ein kristallener Palast. Nach Osten leuchtet mein Zelt weit in die Wüste. Das behagt mir nicht. Da werde ich morgen eine Steinmauer schichten.

Djinnun, lernte ich, können einem nicht schaden, wenn man Eisen bei sich hat. So lege ich, wie meine Nomadenfreunde, ein gutes Dolchmesser unter das Kopfkissen – links, weil ich Linkshänder bin. Doch rechts lege ich, damit die Dinge im Gleichgewicht bleiben, Kants »Kritik der reinen Vernunft« darunter.

In der Nacht wache ich auf. Ich liege und lausche. – Es ist in der kleinen Oase ganz still. Nur manchmal quarrt einer der mageren Frösche. Manchmal schnarrt im Schlaf einer der in den Palmen verborgenen Vögel. Danach wieder Stille. Weit in der Wüste bellt ein Schakal, andere bellen zurück. Eine Hyäne weint auf mit heller Stimme wie ein in der Wüste verlaufenes Kind. Dann schweigt wieder alles.

Doch nun beginnt in den Wipfeln der Palmen ein Flüstern. Die Stämme sprechen mit trockenem Knarren, die Palmblätter rauschen. Das Rauschen schwillt, wird zum Sausen und Brausen. – Ein Windstoß der Wüste! Er währt kurze Zeit und erlischt, wie er kam. Danach wieder Stille.

Bei Mondschein liegt die Oase hell in silbernem Licht. Der gelbe Sand ist nun weiß, schwarze Silhouetten die Palmen. Man erkennt jedes Ding, doch nur schwarz oder weiß, keine Farbe. Jedes Palmblatt zeichnet sich scharf auf der Leinwand des Zeltes.

Der Morgen naht. Fahles Licht und bittere Kälte. Mit dem Morgendämmer erwachen die Vögel, sie pfeifen klagend. – Und unerwartet, plötzlich, bricht gewaltig die Sonne hervor, ist im Nu blendend und heiß – Herrscherin in der Wüste.

Zauberhaft ist in der Wüste die Nacht!

Nachbarn und Alltag

Zwischen der Quelle und meinem Zelt steht ein Mensch mit sandgrauer Jellaba. Ein schwarzes Tuch ist nach Sahara-Art um Hals und Kopf gewunden. Die Füße sind durch Nomadensandalen geschützt. Er ist schmal, vielleicht ist er jung. – Mit dem raumgreifenden Schritt des Wüstenwanderers kommt er mir entgegen. Ich erkenne ein schmales, junges, bronzebraunes Gesicht, eine ausgeprägte Nase mit schmalem, geraden Rücken, tiefliegende, große, ausdrucksreiche Augen. Auf der Oberlippe will sich ein junges Bärtchen bilden. Das Gesicht ist beherrscht; es wirkt streng, doch gelockert durch Jugendlichkeit. – Unmerkliches Zögern, der Anflug eines Lächelns. Ich spreche die Grußformel »Es-Salam elikum«. – »U elikum es-Salam«, kommt die Antwort. Er streckt mir die Hand entgegen.

Der Gruß, »Friede sei mit dir!«, und die Antwort, »Und auch mit dir sei Friede«, ist die gegenseitige Erklärung friedlicher Absicht. Sind ja vielerlei Gründe möglich, sich eben nicht Frieden zu bieten: Stammesrivalitäten, Streit um Wasserstellen, persönliche Fehde. Dann bleibt die Antwort aus oder ist unverbindlich. Doch gebotener und angenommener Friede ist unverletzlich wie das Gastrecht. – Der zweite Teil der Begrüßung wird so schnell gesprochen, daß ich ihn erst nach langer Übung verstehe. Es ist eine formelhafte Wechselrede, ob der Vater gesund ist, die Söhne, die Mutter, der Großvater, die übrige Familie, die Kamele, die Hüter, die Schafe, das andere Kleinvieh, ob Wasser im Brunnen, ob die Weide gut ist und noch vielerlei mehr. Ist dies für beide Teile umfassend geklärt, kommt, langsam gesprochen, wie ein Aufatmen, das »Hamdu-li Llah!«, Gott sei dafür Dank. Damit ist die Begrüßung beendet.

Tee trinken werden wir nun, wie es sich gehört. Rasch ist auf

Unter den Palmen bei meinem Zelt steht ein Mensch.

dem Sand ein kleines Feuer entzündet. Sobald die Zweige zu glühender Holzkohle verbrannt sind, setze ich die Teekanne mit Wasser darauf. Eine Decke breite ich aus, hole Tee, ein Stück Zuckerhut, drei Teegläser und setze alles dies auf ein Tuch in den Sand. Wir lagern und ruhen, ohne zu sprechen. Das Schweigen ist Ausdruck von Vertrauen und innerem Frieden.

Mein Besucher mag 16jährig sein. Nach den Begriffen des Landes ist er also ein voll leistungsfähiger, voll verantwortlicher Mann. Seine Hände sind schmal und fein, wie stets bei den Arabern. Pfenniggroße Narben sind an den Handgelenken; da wurde wohl auf Sahara-Art eine Krankheit kuriert. – Nun sollte der Bursche ja neugierig sein, denn daß ich trotz meiner Sahara-Kleidung nicht aus der Wüste stamme, zeigt ihm der erste Blick. »Aus Fez vielleicht?« mag er denken, denn dort sind Menschen von so heller Haut. »Oder gar ein Ruomi, ein Europäer?« – Doch der Jüngere fragt nicht als erster; und vor dem Tee mit Fragen zu beginnen, ist schlechte Sitte. Aber da ich, wie alle Europäer, neugierig bin und nicht abwarten kann, frage ich dennoch: Mohammed heißt er also. Mit seinem größeren Bruder kehrt er vom Souk, dem Markt, zum Zelt seines Vaters zurück. – Da höre ich weiche Stampflaute von Kamelschritten; da kommt sein Bruder. Mohammed nimmt ihm den Kamelstrick ab. Eindrucksvoll knickt das Kamel seine riesenlangen Beine erst vorne, dann hinten ein und ruht nun auf dem hornigen Höcker der Brust. Mohammeds Bruder heißt Shama. Er mag ein Jahr älter sein.

Mohammed greift die mannslange Rispe eines trockenen Palmenblattes, streift die Sandalen ab und steigt an dem schrägen Stamm einer Palme empor wie auf einer Leiter. Die Stümpfe der großen Blätter geben seinen hornigen Füßen den Halt. Mit der Rispe stößt er gegen die gelben Fruchtdolden, und Datteln prasseln herab.

Nach sorgsam erlernten Regeln bereite ich Tee. Aus der

hochgehaltenen Kanne gieße ich ihn in feinem Strahl in die Gläser, daß weißer Schaum auf dem Tee steht. Wir sprechen »Bismillah« und schlürfen ihn heiß. Dreimal brüht man neu auf, jedesmal mit etwas neuem Tee und reichlich Zucker; das ist der Brauch. – Nach anstrengendem Marsch ist der süße, starke Tee wirklich ein Labsal. Dazu kauen wir Datteln, reden etwas oder ruhen still. Ich fühle einen feinen Sinn für Höflichkeit und Würde bei diesen jungen Menschen, die nie eine Schule besuchten. Sie gehören zum Stamme Arib. Das ist einer der weit ausgreifenden Kamelstämme der Sahara. Er ist arabischen Blutes. – Eine Tagesreise und eine halbe von hier liegt ihr Oasendorf. Aus dem Lehmhaus der Familie holten sie Datteln, Mehl sowie eine Bahn Zelttuch und bringen das zum Zelt in der Wüste. Beim Zelt sind Vater, Mutter, Brüder, Schwestern sowie die Kamele. – Gestern mittag brachen die beiden auf, schliefen nachts an der Seite des Tieres; beim ersten Morgengrauen zogen sie weiter. – Nun noch vier Stunden.

Ihr Vater sei übrigens mein nächster Nachbar, sagen sie mir. Ein paar Schlöh-Familien lagern zwei Stunden von hier am Fuße der Dünen; doch sie zählen nicht recht, seien arm, hätten nur Kleinvieh. – Der Sohn von ihres Vaters Bruder stehe mit Kamelen und einem Helfer irgendwo in der Nähe; doch der hüte nur, habe kein Zelt.

Nun fragen sie, wie mein Stamm heiße. »Aleman«, nein, den kennen sie nicht, »Franzia« sei ein großer Stamm. »Al schamal dial Franzia«, nördlich von Frankreich lebe mein Stamm, das verstehen sie. Ob mein Stamm in Frieden lebe? »Hamdulillah«, Gott sei Dank dafür. Wieviel Söhne ich hätte? Drei. Das scheint ihnen zwar etwas dürftig, doch sie sagen es nicht. Wieviele Kamele meine Söhne hätten? Herrgott, darauf war ich nicht vorbereitet; Allah verzeihe mir die halbe Lüge. Ich sagte, wir wären zufrieden. Das meint, daß wir reich sind. Ob meine Söhne verheiratet seien?

Wieviel Kinder sie hätten? Danach verharrten wir wieder in jenem friedlichen Schweigen, wie ich es nur bei den Menschen in Afrika fand.

Beiläufig erzählte ich von der Begegnung mit der Schlange nach dem Besuch bei dem Grabmal. Sie hören aufmerksam zu, aufmerksamer als ich erwartete, denn Schlangen gibt es wahrlich genug. Doch sie wollen jede Einzelheit wissen. Dann sagen sie mir: Dies sei die Antwort des heiligen Mannes gewesen. Sidi Abd-er-Rachman habe mich damit in seinem Bereiche willkommen geheißen. Es schien ihnen wichtig. Sie rieten mir, im Umkreis des Grabes kein Tier zu töten, außer zur Nahrung oder aus Not.

Daß ich hier länger bleiben will, finden sie ganz in Ordnung. Djinnun, versichern sie, gebe es beim Grab von Sidi Abd-er-Rachman nicht. Daß ich die Sahara liebe, nehmen sie als selbstverständlich. Wer liebte denn die Wüste nicht? Ich solle sie bei ihrem Zelt besuchen. Auch sie würden, Inschallah, bald wiederkommen. – Ich spüre, daß da eine Freundschaft entstehen will; das ist mir lieb.

Jeder der jungen Leute nimmt eine Handvoll Datteln mit auf den Weg, mehr nicht. Die Datteln bei Sidi Abd-er-Rachmans Grab werden nicht geerntet, sie sind für die Reisenden. Das Kamel hat still wiederkäuend auf seinem Brusthöcker geruht. Datteln und Mehl aus dem Hause trägt es in zwei großen derben Tragtaschen rechts und links: dazu aufgebunden die schwere Tuchrolle. Einen runden Wasserkanister aus verzinktem Eisenblech füllen die jungen Leute an der Quelle (ihr Wasser beim Zelt sei viel schlechter). Dann binden sie den dreißig oder vierzig Liter fassenden Kanister außen an der Traglast fest. Das Kamel röhrt gewaltig, sein langer Schlangenhals beschreibt weite Bogen, die jungen Männer bleiben sorgsam aus dem Bereich der Zähne. Dann schnalzt Shama mit der Zunge, und das riesige Tier stemmt sich erst hinten, dann vorn auf seine mannshohen Beine.

Abschied ist in islamischen Landen stets knapper als die Begrüßung: »Maa salamma!« Segen mit euch. »Llahi aunek!« Gott helfe dir. Wir drücken uns die Hände. Mohammed hält die Leine des Kameles, das schwere Tier kommt in Gang. – Shama mustert ringsum die Ladung; etwas stimmt nicht, ein kurzes Wort, die Gruppe hält. Das Hinterbein stößt gegen den Wasserkanister, das geht nicht. Ein gutes Kamel ist wie ein Mercedes bei uns. Der Wasserkanister wird anders festgebunden, das Kamel röhrt wieder unglaublich, nochmals Grüße, dann ziehen sie los. Verschwinden hinter einem Bergrücken, tauchen auf dem nächsten wieder auf, sind als immer kleinere Punkte noch lange zu sehen. Möge eure Reise glücklich sein!

Ich spüle die Teegläser aus, schütte die Teeblätter aus der Kanne. Es ist hier ja alles so einfach. Gäste zu haben, ist in islamischen Landen keine Last. – Brauchbare junge Leute, denke ich mir. Selbstverständlich hat Shama seinen Bruder vorausgeschickt, zu erkunden, wer da schon bei der Quelle ist. Normale Vorsicht. Schließlich leben wir in der Sahara. – Sie hatten gute Manieren, waren lebendigen Geistes, ordentlich gekleidet, versorgten das Kamel mit Umsicht. Das also sind die Söhne meines »Nachbarn«, vier Stunden entfernt. Beni Arib heißt ihr Stamm, und Araber sind es.

Ich kenne diesen Teil der Sahara wenig, hatte bisher nur mit anderen Wüstenstämmen zu tun. Die Beni Arib, weiß ich aus Büchern, sind von der Arabischen Halbinsel im 13. Jahrhundert in die Sahara gezogen. – Freilich, ihre Reputation war schlecht. In Ägypten benahmen sie sich so räuberisch, daß man sie bald in die Sahara weiterschob. Auch da ließen sie auf ihrem Wege kein Dorf, keine Stadt unzerstört. Nun ist dies bei Wüstenstämmen die Tradition; Beutemachen ist, wie für den Fischer der Fischfang, kein unmoralisches Handwerk. Notwendig ist's außerdem, denn in der Wüste braucht es nun einmal vier Quadratkilometer, um einen Mensch zu ernähren: Mehr gibt die Wüste nicht her. Kommen neue, so müssen die bisherigen ihren Besitz verteidigen oder sterben oder ihrerseits anderen Leuten Brunnen und Weideland nehmen. – Nach hartem Gesetz ist Lebendiges angetreten auf diesem Stern.

Ich erkunde die Ruinen des Dorfes meiner Oase. Drei Minuten von meiner Quelle stehen sie auf dem niedrigen, felsigen Berg. Zum Bach hin bricht er senkrecht ab. Doch an den anderen beiden Seiten ist er nicht schwer zu ersteigen. Es ist nahe der Quelle der einzige Platz, der leidlich zur Verteidigung taugt. – Über harten Boden und rollende Steine steige ich hoch. Oben ist der Hügel hundert Meter lang und fünfzig breit, fast eben. Dort stand das kleine Oasendorf.

Keiner der Mauerreste ist mehr als mannshoch; meist reichen sie mir nur bis zur Hüfte. Die Reste der Lehmmauern sind gelblich-weiß und absolut tot. Nicht die kleinste Pflanze, nicht einmal eine Eidechse sehe ich. – Acht oder zehn Häuser, eng aneinandergebaut, hatte mein totes Dorf. Drei waren Kasbas, Verteidigungshäuser mit Lehmtürmen an den vier Ecken. In Oasendörfern sind Kasbas häufig. Denn Seßhafte haben sich gegen die Streifenden ja stets verteidigen müssen.

Ein kleiner Teil des Saharaberges ist unbebaut. Da liegen die Gräber! Dicht bei dicht ist dies kleine Areal mit einfachen, länglichen Erdhügeln besetzt. Ein etwas größerer Stein steht beim Kopf, gen Osten, ein kleinerer bei den Füßen. Fast sechzig Gräber, alle gleich nach Art und nach Alter. Nur drei Kindergräber sehe ich. Kein Grab hat Krüge als Grabbeigabe. Ein flacher Erdwall umgibt das Ganze; für neue Gräber ist kein Platz.

Kein Zweifel, das Dorf wurde durch Kampf überwältigt. Die Erwachsenen wurden erschlagen, die Kinder fortgeführt; denn in deren Gedächtnis bleibt nichts, was später Blutfehde macht. –

Alles dies ist zwar schrecklich, doch nicht neu auf der Welt. Eine Oasensiedlung, überhaupt eine Stadt, die noch niemals geplündert und zerstört worden ist, ist auf unserem Stern nicht häufig zu finden. Nicht die medizinische Wissenschaft bewirkte die »Bevölkerungsexplosion«, sondern der Frieden, den die Kolonialmächte erzwangen.

Nomaden brauchen zum Leben: Wasser, Kamele, Datteln und Korn. Datteln und Korn gibt es nur in Oasen. Die Bewohner einer Oase können zur Not ihre befestigten Häuser verteidigen, doch nicht ihre Palmen und Gärten. So nehmen sich die Nomaden zur Erntezeit Datteln und Korn mit Gewalt.

Am liebsten nähmen sie alles; doch das wäre unklug, denn dann stürben die Dattelbauern an Hunger. Und selber Dattelbauer sein, will der Nomade nicht. Kamelhirt, Krieger, Räuber, Karawanenführer, Schmuggler: das sind ehrenhafte Berufe. Doch Dattel- oder Getreidebau ist untergeordnetes Tun, Sache abhängiger Leute, war Sklavenarbeit.

So besteht zwischen Oasenbewohnern und Nomaden eine prekäre Abhängigkeit, beide brauchen einander. Die häufigste Form des Nebeneinander ist der »Schutzvertrag«: Ein Nomadenstamm nimmt die Oase in Schutz, läßt fremde Stämme nicht hin. Dafür erhält er zum Beispiel zwei Drittel der Ernte. – Für die Oasenleute ist das schlecht genug, es reicht kaum zum Überleben. Ihre Nahrung ist vitaminarm und fast eiweißlos. So sind Dattelbauern ein stumpf vegetierendes Völkchen ohne Energie und Kraft. Von Hautkrankheiten geplagt, von früher Erblindung geschlagen, hocken sie still in den engen Lehmdorfgassen. Keiner schaut einen an, keiner spricht einen an, Kinder folgen stumm in großem Abstand – ein Dorf toter Seelen.

Sind zwei Nomadenstämme in Streit, dann ist die Oase einem Überfall ausgesetzt, einer »Rhezza«. Das Resultat sind die Trüm-

Eine der trostlosen Oasensiedlungen mit ihren aus Lehm gestampften Häusern

mer, an deren Rande ich sitze, und die Gruppe von Gräbern. Dazu eine Anzahl von Kindern in Nomadenstämmen, die nicht wissen, woher sie stammen. Sie hüten gemeinsam mit den jungen Leuten des Stammes die Herden. Später wird man ihnen eine Frau aus dem Stamme geben. Nach zwei Generationen sind ihre Nachkommen vollwertige Mitglieder des Stammes geworden.

Ob es Beni Arib waren, die in einer mondarmen Nacht dieses Dorf erstürmten? Ich weiß es nicht; ich werde hier auch niemanden fragen; ich bin hier nun Gast. Stammeskriege sind sozusagen Familiensache. Untunlich ist es für Fremde, darüber zu viel wissen zu wollen.

Ich sitze bei den Ruinen des Dorfes. Unterdes sinkt die Sonne. Tags war die Wüste nur grell, jetzt beginnen die Farben. Die Palmköpfe leuchten grün vor dem gelben Sand. Die Sonne sinkt rasch. In der klaren Luft der Wüste kann ich sie bis zur letzten Sekunde sehen: jetzt ruht die Sonnenscheibe auf den fernen Ketten der Berge... nun ist sie nur noch halb... nun nur noch ein grelles Band... Jetzt ist sie fort.

Nun leuchtet auch der Himmel grün. Gedämpfte Pastellfarben hat er sich dazu gewählt. Dann lodert ein breites Band am Horizont rot auf, wie fernes Feuer. Schwarz stehen die Palmen gegen den roten Himmel.

So wohnen starke Kontraste in der Wüste eng beieinander: wilde Grausamkeit und tiefe Bindung an Sitte; gedämpfte Pastellfarben und flammender Horizont. – Und ich frage mich, worauf ich mich einließ.

Als ich zu meinem Zelt zurückkehre, überrasche ich zwei Sumpfhühner, wie sie von einem Abendausflug auf dem Sandplatz vor meinem Zelte landen. Als schwarze, unbegreifliche Schattenwesen huschen sie noch eine Weile über den Sand, ehe sie in dem dichten Schilf verschwinden. Gestern hatte ich sie als Djinnun im Namen Allahs gebannt.

Unter meiner Palmengruppe richte ich mir an der Schattenseite einen Studierplatz ein; zum Schreiben, zum Lesen. Ein gestürzter Palmstamm ist die Rückenlehne, ein Stein mit Schafsfellen der Sitz, eine Sperrholzplatte auf den Knien der Reiseschreibtisch. Dazu meine »Schreibtasche«; eine stabile Ledertasche mit Heften, Stiften, Tusche und einigen Büchern. In Griffweite liegt ein flacher Stein als Abstelltisch für den Tee. Eine Weile probiere ich herum, nun ist alles bequem. – Vor meinen Augen liegt die Palmengruppe mit der Quelle, danach steigen flache Bergwellen an, dahinter leuchten die Sandgipfel der Dünen.

Hier werde ich also aufschreiben, was ich erlebe, werde weiter Arabisch lernen, nachdenken, lesen. – Vielleicht wird aus dem Tagebuch einmal ein wirkliches Buch. Doch was soll sich schon erleben lassen in einer so kleinen Welt, die nur dreihundert Meter lang ist und nur noch 43 gesunde Palmen hat?

Ende Januar ist's. Daheim herrscht tiefer Winter, hier brennt die Sonne. Nachts ist die Luft kalt, tags wird sie warm, doch nicht heiß. Was glüht, ist allein die Sonne. Schwarzblau ist der Himmel vor Klarheit.

Heute ändert sich das Wetter; es wird sehr warm und schwül. Am Himmel erscheinen hingehauchte Fäden, sie werden dichter, zum Schluß hängt eine schwere graue Wolkendecke da. Das verändert die Wüste vollkommen: grau, trostlos, abweisend ist sie nun, als ob man im Ruhrgebiet zwischen Erzhalden steht. Ich begreife: Der Reiz der Wüstenlandschaft beruht auf der Überfülle an Licht.

Eine kleine Kamelkarawane kommt an. Doch sie tränkt nur, füllt die Kanister, zieht sogleich weiter. Ob wir Regen bekämen, frage ich einen der Männer. »Inschallah«, wenn Gott will. Es bedeutet »hoffentlich«, denn seit Jahren fiel hier kein Regen.

Ich treffe Vorkehrungen: fülle beide Kanister an der Quelle, verdoppele die Leinen des Zeltes, schichte die Steine auf dem Rande der Leinwand schwerer und höher. Auch verstopfe ich Löcher im Palmendickicht, durch die Wind eindringen kann, mit den drei Meter langen vertrockneten, gelbbraunen Blättern von Palmen. – Ich habe mir viel Arbeit gemacht, doch nichts geschieht.

Abends im Zelt: ich lese und schreibe, es ist schon spät. Windstöße kommen, wie abends oft, doch heute sind sie stärker. Das Zelt bauscht sich, die Kerze erlischt, es rauscht in den Palmwipfeln. Eigentlich ist Schlafenszeit. Doch ich entzünde die Petroleumlampe, warte ab, was daraus wird. – Sturm wird daraus, ganz plötzlich beginnt er! Mein Zelt, das so geborgen steht, knattert und zerrt an seinen Leinen, als wolle es auf und davon. In der Luft ist Dröhnen und Rauschen, Stöhnen und Pfeifen. Die Palmstämme biegen sich und reiben sich knarrend. Der Wind tost wie Meeresbrandung. Es ist Weltuntergang! Dazu ein Grummeln und Rumpeln wie ferner Donner. Wird Regen fallen?

Ich trete ins Freie. Die Wolken sind fort, ich sehe den Mond. Die Luft ist trübe wie Nebel, doch trocken. Ich trete aus dem Schutze der Palmen heraus. Da begreife ich: Die Luft ist voll Sand, der Sturm treibt ihn mit sich. Schmerzhaft beißen Sand und kleine Steinchen in die Haut. Der Sturm will mich in die Dunkelheit fortziehen; ich kämpfe mich mühsam zurück. Es weht hart und sehr kalt. – Nein, mit diesem Unwesen habe ich nichts im Sinn. Ich schließe das Zelt hinter mir, sperre die böse Natur einfach aus. Doch sie rächt sich; feinen Sand sendet sie durch jede noch so kleine Öffnung des Zeltes.

Eine Weile höre ich mir den Weltuntergang an. Doch ich bin müde, und ändern kann ich ihn auch nicht. So lösche ich die Petroleumlampe, ziehe alle Decken über meinen Kopf, baue ein kleines Atemloch und bin nun wohlig geborgen. – An die kleine Karawane denke ich; möge ihr Lager an einem geschützten Platze sein. Beiläufig denke ich auch, wie es wäre, jetzt selbst auf der Reise zu sein.

Am Morgen herrscht unschuldige Stille, blauer Himmel, kein Hauch von Wind. Von dem ganzen Nachtgepolter blieb nur die Erinnerung zurück – und viel feiner Sand im Zelt, in allen Decken, in jeglichem Küchengeschirr. – So ist die Wüste: wochenlang voll Unschuld, doch plötzlich wild wie Meer im Sturm.

Ich habe noch andere »Nachbarn«. Zwei Stunden von hier sah ich zwischen hohen Sanddünen ihr Lager. Es sind Berber vom Stamme der Schlöh, keine Araber.

Heute sind in meiner verlassenen Oase zwei fremde Esel. Die sind mager und von unerzogenster Art; sie stapfen in meinen Vorratsraum hinter dem Zelt und fressen von meinen Zwiebeln und Möhren. Ich vertreibe sie. Erneut dringen sie ein. Mit dem Hirtenstock brate ich ihnen eins über, daß gelber Staub aus ihrem Fell steigt. Als ich sie nochmals zu den Lebensmitteln vordringen sehe, werfe ich rücksichtslos mit großen Steinen. Dickfellig latschen sie fort. Gewalt ist zwar gegen den Brauch dieses Ortes – doch das Verhalten der Esel erst recht.

Nun gehören zu Eseln wohl Menschen. Niemand zeigt sich. Nach Stunden höre ich vom Berghang die Stimme eines Kindes; ein Kopf bewegt sich zwischen den Steinen. – Ich kenne die Furcht der Schlöh, greife ein paar Bonbons und sehe nach. – Hinter dem Felsrücken steht still eine Frau, ganz schwarze Tücher. Ich halte sie für eine ältere Frau; doch wer kann das wissen? Auf den Rücken gebunden trägt sie ein kleines Kind, und ein sechsjähriger Junge drückt sich furchtsam in die Falten der vielen Tücher. Sie steht unbeweglich.

Als ich auf dreißig Meter nahe bin, wehrt sie ab: »Ma t-karabschi, ma t-karabschi andi, Llahichelek!« Das sagt sie zweimal. Es meint: Komm nicht näher, komm nicht her zu mir, Gottes Segen auf dich! – So bleibe ich stehen. Doch ich frage »Alesch?« Warum?

Die schwarzen Tücher: »Andi wuld chaif u ana chaifa.« Ich habe ein Kind, das hat Angst. Und auch ich habe Furcht.

Ich: »Schi bas ma kain, ia Lalla, hak hellua, marhaba!« Hab keine Angst. Hier sind Bonbons. Und sei willkommen.

Die schwarzen Tücher: »Llah laichelik fi djenna, u iaunek Llah!« Lasse Gott dich ins Paradies eintreten und helfe dir!

Dies unser Gespräch. Sie ist eine ganz einfache Frau und voll Furcht. So kehre ich zu meinem Zelt zurück. In großem Bogen wandert sie langsam zum Grab des heiligen Mannes; da tritt sie ein, bleibt verschwunden.

Später koche ich für mich Tee. Doch zwei Gläser voll sowie zwei Hände voll Datteln bringe ich zum Grabe hinüber, stelle sie beim Eingang nieder, spreche ein paar Worte, kehre zurück. Eine Weile vergeht, dann bringt der Bub die Gläser zurück. Er gibt mir die Gläser und sagt »Llahi iakbel!« möge Gott mit allem, was du tust, zufrieden sein. Er steckt in einer zerschlissenen Jellaba, der runde Kinderkopf ist kahl geschoren, vom Hinterkopf baumelt ein schmaler Zopf.

Am Nachmittag treten beide aus der niedrigen Tür des Grabes wieder heraus. In weitem Bogen umwandern sie den Platz meines Zeltes. Der Junge fängt die beiden Esel ein. Als die Sonne sich neigt, sehe ich sie als zwei schwarze Punkte über die Hügel davonreiten nach Süden, wo die Sanddünen sind. Dort leben die Schlöhfamilien mit Ziegen und Schafen bei einem Brunnen mit bitterem Wasser.

Anscheinend ist die Schlöh-Frau mit ihrem bezopften Sohn nur Kundschafterin gewesen. Am Tage darauf kommen aus der Richtung der Dünen zwei ältere Männer. Sie gehen gleich zur Quelle. Nach einer Weile sehe ich nach. Schließlich leben wir hier in islamischen Land, wo man nicht aneinander vorbeiläuft wie die Stoffel, sondern sich nach der Sitte begrüßt.

Sie halten großes Wäschewaschen. Breitbeinig und fast nackt, nur in Unterhosen aus wehendem Tuch, hocken sie auf den

Steinplatten bei der Quelle und waschen Wäsche. Der Ältere hat seine Wolljellaba mit Wasser getränkt, hat aus einem Papier ein paar Gramm Waschpulver ausgewickelt und die Hälfte davon sorgsam auf die nasse Jellaba gekrümelt. Die faltet er zu einem Paket und haut mit einem schweren Stock darauf ein. So wäscht man hier Wäsche.

Ich störe jetzt. Ich rufe, daß sie nachher Tee trinken kommen sollen. Um guter Freundschaft willen teile ich aus meinem kleinen Vorrat einen Eßlöffel Waschpulver ab. Er verdreifacht ihren Besitz; schweigend wird er akzeptiert.

Die Wäsche ist beendet; Jellabas und bunte Tücher von allerlei Art liegen auf den Stachelbüschen in der Sonne zum Trocknen. Die beiden Männer kommen zum Tee. Sie sind breiter und kürzer gebaut als meine Arib, derbknochig und mit den schweren Händen der Ackerbauern. Ihre kurzen, runden Köpfe sind auffällig klein. Eine Spur hellhäutiger als die Araber mögen sie sein.

Die Schlöh sind von primitiver Art. Zwar spreche ich ihren Berberdialekt schlecht, doch sie können genug Arabisch. Aber ein Gespräch ist nicht in Gang zu bringen. Der Ältere heißt Ali, viel mehr ist nicht zu erfahren. Sie trinken nur wenig Tee, essen kaum, fast als ob sie es ungern täten. Bald verabschieden sie sich und verschwinden. Doch ihre Wäsche trocknet noch in der Sonne; so sind sie nicht fern.

Nachmittags kommen drei Beni Arib, junge Leute. Die sind aufgeschlossen und lustig, der vollkommene Gegensatz zu den Schlöh. Wir haben gemeinsam Tee getrunken, zusammen gegessen, geschwatzt, dann Brot gebacken. – Auch die beiden Schlöh sind wieder da, doch sie bleiben abseits, machen ihr eigenes Feuer, backen ihr Brot für sich. Eine Begrüßung erfolgt nicht, »Es-Salam elik« ist nicht gesprochen worden. Ich bin sehr aufmerksam geworden. Die Spannung zwischen den beiden Gruppen ist deutlich. Das sind Stämme, die nicht miteinander in Frieden

Schlöh Ali von den Sanddünen

leben. Freilich, hier schützt der heilige Ort des Sidi Abd-er-Rachman.

Einer der Schlöh kommt und bringt mir ein Glas Tee. Was soll der Fremdling im Lande tun in solchem Falle? Ich danke herzlich, trinke das Glas leer und sage, daß ich heute mit den Beni Arib esse, doch morgen mit ihnen. – Es sieht aus, als hätte ich es richtig getroffen. – Doch ich lerne, daß hier Dinge zu bedenken sind, die ich mir vorher nicht klar gemacht habe: die Urbewohner des Landes und die arabischen Eroberer – und keine Kolonialmacht mehr, die Kampf und Krieg verhindert.

Waschen, rasieren, Morgentee – dann mustere ich meine Palmen, richtiger gesagt, ihre Reste. Palmen sind durstige Geschöpfe; jede trinkt im Sommer 500 Liter pro Tag. Die Quelle, so habe ich ausgerechnet, gibt Wasser für etwa zweitausend Palmen. Ein Hain für mindest tausend Palmen wird hier wohl auch gestanden haben. – Doch heute sind nur noch vierzig Palmen gesund, zweihundert in verschiedenen Stadien des Sterbens, der Rest ist tot und beerdigt.

Der Mensch muß den Palmen helfen im Kampf gegen die Wüste. Der Feind ist der Wind, seine Hilfstruppe der Sand. – Der Mensch pflanzt die Palmen als Hain oder Wald, daß eine die andere schützt. Er kappt die dürr gewordenen Blätter und hält Tiere fern. Er bewässert sie und befruchtet die weiblichen Bäume mit dem Samen der männlichen; denn der Palmbaum wächst in zweierlei Geschlecht. In meiner verlassenen Oase müssen die Palmen ihren Kampf allein kämpfen – und haben ihn schon verloren. Als schwere, zottige Traube hängen die vertrockneten Blätter lang herab. Sie machen die Krone schwer, sie erhöhen den Luftwiderstand. Ein Sturm springt die Palme an, samt Wurzelballen wirft er sie um. Nun ist die zwanzig Meter hohe Schönheit gefällt. Doch noch ist sie nicht tot. Jetzt beginnt ein verzweifelter Kampf. Die gefällte Palme richtet ihr Haupt wieder hoch, sie läßt Nebenköpfe aus dem Stamme sprießen, sie sendet Luftwurzeln aus, neue Palmbüsche wachsen daraus um die gestürzte Mutter, zu ihrem Schutz. Sie tragen stachlige Blätter, denn der Palmkopf der Mutter ist ja erreichbar für Kamel oder Esel. Alle eilen, ihre Köpfe aus dem Bereich der hungrigen Mäuler zu heben.

Doch das sieht der Wind. Er führt Sand heran und häuft ihn um die gestürzte Palme zu wachsender Düne. Nun geht es um Leben und Tod! Meist wächst der Sand rascher; dann zeigt nur noch eine Sanddüne an, wo eine Gruppe von Palmen starb. – So ehrt der Sieger, der Wind, den Gegner wenigstens durch ein würdiges Grab.

Heute steige ich auf meinen Dorfberg, setze mich auf einen Stein und beginne, meine Oase zu zeichnen. Zum Schutz gegen Sonne und Fliegen sitze ich unter der weißen Sommerselham. Dieser weitläufige Hirtenumhang mit seiner Kapuze ist ein kleines, ganz persönliches Zelt; nur Gesicht und Hände sind frei. Vor dem Gesicht hängt der Bommel; stört eine Fliege, so bewege ich etwas den Kopf; dann puschelt der Bommel sie weg.

Die Oase zu zeichnen, erweist sich als schwierig: Erst gerät sie zu klein, dann zu breit, dann die Palmen zu groß. Überhaupt bin ich nicht recht bei der Sache. Auf einem Bergrücken im Westen habe ich schwarze Punkte gesehen; die waren vorher nicht da. Aber sie sind so fern, ich bin nicht sicher. – Nach einer Weile sehe ich sie nicht mehr und zeichne weiter. – Doch eine halbe Stunde später tauchen sie über einer Bodenwelle erneut und näher auf. Kamele sind es, eine ganze Herde. Sie kommen hierher in breiter Front, gemessenen Schrittes, doch keineswegs langsam. Hier ist ja Wasser.

Von meiner Zeichnung lasse ich ab und gebe mich ganz

diesem Schauspiel hin. Wie langsam setzen sie ihre sehr langen Beine. Neugeborene laufen an der Seite der Mütter. Zwei Hirten begleiten die Herde. Einer hat den Hirtenstab quer über die Schultern gelegt und die Arme seitlich daran aufgehängt; die weiten Ärmel wehen im Winde. Welch Bild wilder, majestätischer Schönheit kommt dort heran! Die seltsame Gestalt dieser Tiere, das Gleichmaß ihrer Schritte, ihre Laute, jenes aus tiefster Brust hochgeholte laute Blubbern, dann und wann wildes Röhren, meist aber nur kleines Grunzen als Freude aufs Wasser. – Ich bleibe unbeweglich. Vielleicht haben die Hirten mich nicht bemerkt; vielleicht kann ich's ungestört zeichnen.

Die Kamele sind nun am Bach. Wo eine Sandwehung ihn aufstaute, treten sie ein Stück weit ins Wasser, recken die Hälse langgestreckt schräg nach unten und trinken. Die Kamelmütter schubsen mit dem Maul ihre Kinder zum Wasser, die trinken nun auch.

Doch zum Zeichnen komme ich nicht; natürlich sahen mich die beiden Hirten. Es sind ganz junge Burschen, fast noch Kinder nach unseren Begriffen. Für sie bin ich ein sonderbares, ja ein bedenkliches Vorkommnis; ihrer Erfahrung ist derlei fremd. Auf Umwegen besteigen sie meinen Berg. Ich bin neugierig, was sie tun werden, und bleibe unter meiner Selham einfach still sitzen. In Steinwurfweite halten sie an.

Sie stützen sich auf ihre starken Hirtenstäbe und schauen. Ihre Gesichter sind halb kindlich, halb wild. Die nackten braunen Füße stecken in Nomadensandalen. Darüber nackte braune Beine, die man durch Löcher in ihrer schlechten Kleidung weit verfolgen kann. Der eine trägt eine graue Jellaba, und der Wind läßt das Tuch zur Seite flattern. Der andere, Kleinere, hat so etwas wie ein Wüstenhemd an, ein Gürtel hält es zusammen. Die weiten Ärmel sind ausgefranst, die braune Brust bis zum Gürtel ist frei. Um Hals und Kopf haben sie das lange Turbantuch geschlungen, auch das weht im Wind. – So stehen sie also und schauen. Ich meine, sie erwägen die uralte Frage des Menschengeschlechts: »Kann er uns töten? Oder können wir ihn töten?« Sie haben ihre Hirtenstäbe, eine ernstzunehmende Waffe. Natürlich hängt unter ihrer Kleidung in der Leistengegend ihr scharfes, schweres Hirtenmesser, dies eine tödliche Waffe. – Es wird Zeit, das Experiment zu beenden, die Spannung zu lösen. Ich bin hier ja nicht mehr im Bannkreis des heiligen Mannes. »Es-Salam elikum«, spreche ich also. »U elik es-Salam!« kommt es erleichtert zurück. Händeschütteln, Lachen, wir gehen zu den Kamelen.

Der ältere der beiden Burschen ist aus der weiteren Familie meines »Nachbarn«. Mbarek heißt er, mag 14- oder 15jährig sein. Seinem Vater gehört die Herde. Er erweist sich als ein ruhiger, gewissenhafter junger Mann. Er trägt die Verantwortung für 40 Kamele, also Besitz und Lebensunterhalt für eine volle Familie.

Der jüngere, breiter gebaute, heißt Baschir. Er sieht nicht so aus, als ob er arabischen Blutes sei. Er ist Hirte oder Helfer oder Sklave; er gehört der Familie, damit ist es genug. Im praktischen Leben hier ist es sowieso belanglos; er lebt das gleiche Leben wie Mbarek, der zweite Sohn des Familienchefs. Wie der wird er vom Vater ernährt und bekleidet. Er könnte wohl fortgehen, doch wo sollte er leben, wenn nicht wieder bei einer Herde; also im Dienst einer Familie, die eine Herde besitzt, die ihn ernährt und bekleidet, ihm später eine Frau verschafft und der Frau Nahrung, Unterkunft, Kleidung. – Baschir ist übrigens von ungehobelten Sitten. Mbarek weist ihn mehrfach zurecht.

Die beiden schlagen vor, ein paar Nagas zu melken. »Naga« ist das Wort für Kamelkuh, wenn sie Milch gibt. Acht Nagas sind bei der Herde. So haben wir Milch genug. Von meinem Zelt holen wir eine Schüssel.

Der zweite der beiden jungen Kamelhüter; er heißt Baschir.

Acht Kamelkinder sind dabei, die jüngsten sind noch keine Woche alt. Ein Kamelkind ist ganz flauschige Wolle. In der Wolle steckt ein kleiner Leib, unten kommen aus ihr vier staksige, noch ganz wacklige Beine, vorn wächst aus der Wolle ein kurzer, reizend gebogener Hals; der trägt einen Kinderkopf mit Kräuselwolle, kleinem Mund und großen braunen Augen – es gibt nichts Entzückenderes! Man möchte es einfach mitnehmen und niemals mehr hergeben! Doch die Kamelmutter ahnt die Gelüste der Menschen. Stets ist sie zwischen ihrem Kind und dem Fremden und läßt das Kleine nicht aus der Reichweite ihres Gebisses. Als Baschir ein Muttertier am Kopfe festhält, damit ich ihr Kind in Ruhe betrachten kann, reißt es sich los und rennt röhrend so zornig auf mich zu, daß ich erschrocken flüchte. Denn Kamelbisse zermalmen Fleisch und Knochen und enden oft tödlich. – Die Beine eines jungen Kameles schuf die Natur genau von der Länge, daß es unter dem breiten Leib der Mutter stehen kann. In einer sich aufgeregt drängenden Herde ist für ein zartes Wollding dort der einzig sichere Platz. Die Kamelmutter muß mit dem Melken einverstanden sein, sonst hält sie die Milch zurück. So gebraucht der Mensch eine List: Über das Euter hat er einen flachen Korb aus Palmfasern gebunden; für Unbefugte Zutritt verboten. – Baschir hält die Kamelmutter am Kopf, Mbarek löst den Korb, der Sohn drängt zum Zapfhahn. Doch so schnell geht das nicht; erst schnobert die Mutter ihn ab, um zu sehen, ob es auch der richtige ist. Dann läßt sie aus inneren Vorratsgefäßen die Milch zu dem kleinen Euter. Zwei oder drei Schluck werden dem Sohn zugestanden, dann drängt Mbarek ihn mit der Schulter zur Seite und melkt die vier kleinen Zitzen in meine Emailleschüssel. Das Kamelkind schaut etwas dumm; doch die Mutter ist, nachdem ihre Sicherungsreflexe befriedigt sind, am weiteren Verlauf nicht interessiert. – Viel Milch gibt es nicht, es sind trockene Zeiten. Ein reichlicher Liter, dann ist das Euter leer. Es wird mit dem Flechtkorb verschlossen und Madame entlassen. Die Milch trinken wir reihum noch warm aus der Schüssel.

Noch eine zweite Kamelkuh melken wir so; dann ist unser Durst gestillt und fast auch der Hunger, denn Kamelmilch ist konzentriert. – Dicht um uns herum bewegt sich die Herde. Die Tiere tranken sich voll, nun fressen sie, was sie am Ende meines kleinen Baches an Grünem oder Nicht-Grünem finden. Kamele fressen ungefähr alles, sofern es nur dem Pflanzenreich zugehört und nicht allzu schreckliche Stacheln hat. Doch als sie am Bachlauf weiter zur Quelle vordringen wollen, wehren ihnen die Hirten. Gesetz von Sidi Abd-er-Rachman: der Bach bei der Quelle dient nicht als Weide.

Ein Zwischenspiel: ein kräftiger, wohlgebauter Kamelherr hat sich in eine Kameldame vergafft. Sie ist hellgelb und eine wirkliche Schönheit. Doch es gibt eine Schwierigkeit, Kamele begatten sich im März, wir stehen erst im Februar.

Monsieur begehrt, die Kalenderregelung beiseite zu lassen. Er wirft den Kopf hoch, schreitet vor Madame galante Bögen und produziert dazu ein ganz tiefes, lautes Brummen; ich hatte es noch niemals gehört. Es heißt auf Deutsch: »Madame, mein Herz steht in Flammen, bitte, schenken sie mir Ihre Gunst!«

Madame steht still und prüft den stattlichen Verehrer mit großen, braunen, ein wenig traurigen Augen; er wär schon der Rechte. Doch in ihrem Kamelgehirn überschlägt sie den Kalender. – Ehe nicht die nächsten Winterregen hier oder anderswo neues Grün sprossen lassen und Wasser in die Brunnen bringen, wäre das Wochenbett verfrüht. Das entscheidet die Sache. Madame macht kehrt, beginnt einen graziösen Zuckeltrapp und stellt dabei ihren Schwanz in steiler Krümmung nach oben. Das heißt auf Kameldeutsch: »Sehr geehrter Herr, Ihre Bewerbung ehrt mich, doch leider, es kann nicht sein!«

Monsieur ist in seiner Seele getroffen. Er verspricht Madame den Himmel auf Erden und brummt noch sonorer. Doch Madame bleibt bei ihrem Zuckeltrapp, »leider, nein«. Monsieur röhrt seinen Schmerz gen Himmel. Doch plötzlich vergißt er alle seine Wünsche und beginnt, wie die anderen, stachelige Palmblätter zu malmen. – »Bakima« (noch nicht) meint trocken der kleine Baschir und zuckt mit den Schultern.

Wir lassen die Kamele, die wissen sich selber zu helfen. Bei meinem Zelt kochen wir Tee, die Hirtenjungen backen Brot, ich bereite einen Linsentajin mit reichlich Öl.

Diese Hirtenjungen sind von anderer Art als die Nomaden der Zelte. Sie leben mit ihren Tieren allein, ganz frei, ganz wild. Sie wandern mit der Herde, so wie Weide und Wasserstellen es fordern. Sie haben kein Zelt. Irgendwo in einer Felsspalte versteckt (später sah ich es) liegen eine Wolldecke, ein Tuch mit verklumpten Datteln, eine Plastikflasche für fünf Liter Wasser. Zwei Fallen haben sie bei sich. Von Zeit zu Zeit fangen sie einen mageren Hasen oder einen jungen Schakal, der noch dumm ist, oder es gelingt ihnen, mit einem Stein einen Vogel zu töten. – Alle Monate etwa kommt der älteste Bruder oder der Vater, mustert die Herde und bringt Datteln mit. So ernähren sie sich fast nur von Kamelmilch und Datteln. Das ist keine ungesunde Nahrung; doch mit Heißhunger essen sie das frische Brot und die in Wasser und Öl gekochten Linsen. – Unvorstellbar hart leben diese Jungen. Sie folgen ihren Tieren, sie bestehen tausend Abenteuer und Gefahren, von denen wir nicht einmal zu träumen wagen. Sie treffen wochenlang keinen anderen Menschen. So fehlt ihnen die Erziehung des Zeltlebens und auch der erziehende Einfluß der islamischen Religion, denn niemand lehrt sie. – Sie leben tatsächlich wie wild. Wild in der großen Freiheit der Wüste und mit den harten Plagen der Wüste. – Ich frage sie, ob sie es sich anders wünschten? Nein, jetzt noch nicht. Doch später (man heiratet hier spät) wollen sie eine Frau und sehr viele Söhne haben und dann auch ein Zelt.

Würden sie rauben und vielleicht töten, wenn sie auf einen Menschen treffen, der ohne Schutz ist? Ohne den Schutz seines Stammes oder den Schutz überlegener Waffen oder der Freistatt des heiligen Mannes. – Ich beobachte sie, ich stelle viele Fragen und komme zu dem Schluß: Natürlich würden sie rauben und, wenn zum Raub unvermeidbar, auch töten, wenn sich dazu Gelegenheit bietet; rundweg und ohne zögern. Es gibt mir zu denken.

So erzähle ich beiläufig von Caid Ibrahim und seiner Kuh, und daß der Caid mich wohl bald auch besuchen wird. Der Caid ist der Statthalter der fernen Regierung. Er lebt zweihundert Kilometer von hier mit Soldaten in seiner Lehmburg. Caid Ibrahim macht wenig Eindruck auf sie. Denn der Caid, das ist die Regierung. Und »Regierung« wird von jedermann in der Sahara, ob arm oder reich, in gleicher Weise gehaßt. Wenn Soldaten kommen, dann kommen sie, um zu stehlen oder zu töten. Dann verschwindet man, macht sich unsichtbar, und die Sahara ist unermeßlich. Den Caid zu zitieren, war offenkundig ein Fehlgriff.

So erzähle ich von Schech Baschir, seiner Pilgerfahrt und daß ich ihn von einer Krankheit heilte. Das beeindruckt sie tief. Nächst Gott und Sidi Abd-er-Rachman ist Schech Baschir das höchste Wesen, das sie denken können. Doch auch sie sind gewitzt: Sie fragen mich nach dem Namen des ältesten Sohnes des Hadsch und ob ich auch den zweiten Sohn kenne (der von einem Kamelbiß hinkt). Da nestle ich zur Probe das Amulett heraus, das Hadsch Baschir mir umgehängt hat. Mbarek nimmt es. Äußerlich gleicht es den zahllosen Amuletten des Landes, in einer Lederhülle ein kleines Stück Kupferblech, wie Karton gefaltet; darauf sind arabische Zeichen geritzt. Aber es ist kein Koranvers, wie sonst meist; ich hatte es nicht deuten können. Doch Mbareks Gesicht ändert sich, er berührt das Amulett mit den Lippen, gibt es Baschir. Der betrachtet es, führt es auch an die Lippen, reicht es mir dann zurück. – Ihr Verhalten zu mir, das bislang sorglos, ja manchmal unordentlich war, verändert sich auf der Stelle. – Nun verstehe ich: Es ist das Namenszeichen des Hadsch, Vollmacht, Beglaubigung und Schutz für seinen Träger.

Die Sonne senkt sich; die beiden jungen Hirten trinken sich am guten Wasser meiner Quelle satt (das Wasser ihrer Brunnen sei meistens etwas bitter), dann verabschieden sie sich. Ich gebe ihnen Linsen und etwas Tee und Zucker mit. Damit habe ich sie nun wirklich zu Freunden gewonnen. Sie gehen, melken mir zwei Kamelkühe leer und bringen mir die randvolle Schüssel. Nein, nicht gemeinsam, die ist allein für mich. Wir schütteln uns die Hände. Sie schultern ihre derben Hirtenstöcke und ziehen dann los. Lange schaue ich ihnen nach. – Wie jung hier die Menschen zu voller Verantwortung kommen! Und wieviel das Leben von ihnen fordert! Dennoch (oder gerade deshalb) sind sie zufrieden.

Die Wüste

Im Umkreis von Quelle und Grabmal liegt etwa ein Dutzend dunkler Haufen, manngroße Ballen, aus derbem, sehr schweren Tuch aus Ziegenhaar. Zusammengelegte Zelte von Nomaden sind es. Ausgebreitet wären sie über sechs mal acht Meter groß. Dazu alle Pfosten, Stäbe und Seile für solch ein Zelt. Darauf, dazwischen, daneben, liegen alle übrigen Sachen, die ein Nomadenhaushalt besitzt.

Erst begriff ich das nicht. Ein gutes neues Nomadenzelt ist hier im Wert mit einem Einfamilienhaus bei uns vergleichbar. Legt man derlei unbewacht in die Wüste? – Ich frage Mohammed, den Sohn meines »Nachbarn«. Ja, es ist der Besitz von Nomadenfamilien. Braucht man ihn eine Zeitlang nicht, dann legt man ihn hierher. Hier wacht Sidi Abd-er-Rachman in seinem Grabe. Es ist vor Diebstahl sicher, niemand rührt daran.

Auch ich berühre kein Stück. Doch ich studiere dies Freilichtmuseum, mache Inventur, schreibe und zeichne. Nur fünfzehn Arten von Dingen kennt ein Nomadenhaushalt, nicht mehr. Diese Beschränkung gibt die große Freiheit und auch die Beweglichkeit! – Fast jedes Stück ist mit eigenen, ganz einfachen Mitteln gefertigt. Wenn man so will, ist es »Steinzeit«. Doch wie kunstvoll und intelligent sind die Holzpflüge geschnitzt, die Steinmühlen gemetzt, die Mörser aus derbem Holz herausgearbeitet, die Ziegenhäute für Wasser und die Lederkordeln verziert. Auch der aus Leder und Holz gefertigte Palankin, das Schattendach über dem Kamelsattel, unter dem die Frauen reisen, ist ein kleines Kunstwerk. – Doch über das Leben der Wüstennomaden schreibe ich, wenn Allah es will, einmal ein anderes Buch.

In einer Felsspalte nicht weit vom Zelt finde ich kleine Blümchen; wenige nur, ganz klein: eine Art von Löwenzahn, kleiner als eine Streichholzschachtel; in der Mitte steht auf hauchfeinem Stiel erbsengroß eine knallgelbe Blüte. Dann so etwas wie einen blühenden Strauch, doch nicht höher als eine halbe Hand, mit reiskorngroßen Blättern und roten, stecknadelkopfgroßen Blüten. Im Sand ringeln sich noch einige grüne Fäden, halbmeterlang, korkzieherartig gewunden, wie auf der Suche nach Wasser. Blümchen in der Wüste! Wie zäh doch Lebendiges ist! – Wo holen sie wohl das Wasser her? Ich grabe mit der Hand vorsichtig nach; ihre Wurzelfäden reichen sehr tief und verschwinden dann in feinen Ritzen des Felsens.

Bei einem Wüstenfachmann hatte ich gelesen, daß die kleinen Pflänzlein der Wüste, wenn man sie mit etwas Wasser labt, gierig erzittern, wonnevoll zu schwellen begännen und unter den Augen sproßten und wüchsen. Das war ganz rührend beschrieben, doch ich mißtraue der Sache. Ich hole mit dem Wasserkessel Wasser von der Quelle – und labe damit die Blümchen; einige nach Vorschrift mit wenigen Tropfen, andere reichlich, einige gar nicht, setze mich davor und harre. – Doch keines erzittert, schwillt oder sproßt. Ich bin etwas verärgert.

Jetzt erwacht der Wissenschaftler in mir; nun will ich es genau wissen. Ich suche Pflänzchen gleicher Art und Größe, setze Stöckchen mit Höhenmarken, gieße eines, das andere nicht, lege Protokoll an und messe täglich; lacht ruhig, ihr Leser! – Nur wenig schneller wuchsen die begossenen Pflänzchen, ganz wenig, es war kaum der Rede wert. Zittern und wonnevolles Schwellen gab es nicht, es ging ganz normal. Nun herrscht also Wahrheit!

Wahrheit herrscht nun. Doch eine schöne Illusion ist zerstört. Die Wahrheit ist langweilig, dumm und rundherum phantasielos. Ich habe mich ganz europäisch benommen, ich schäme mich etwas. Doch etwas anderes ist geschehen: Wo ich täglich Wasser auf den Sand goß, sind nach wenigen Tagen vier Dutzend neuer

Pflänzlein grün aus dem Sand gesproßt. Die ganz kleinen Blüten, die so sinnlos zu blühen schienen, haben schon Sinn, nur bedachte ich's nicht.

Ich muß vom Regen erzählen: Von Zeit zu Zeit, alle paar Jahre, fällt auch in der Sahara Regen, und dann oft sehr heftig. Die Sahara ist so groß wie ganz Europa. Regen trifft stets nur kleine Teile des Ganzen. So ist das erste und wichtigste Nomadengespräch, wo es geregnet hat und wieviel. Ist es leidlich nahe, so packt man auf und eilt hin.

Starker Regen ist Glück, starker Regen ist Unglück. Da braust durch jahrelang trockene Schluchten plötzlich eine meterhohe Brandungswelle, ertränkt Menschen und ganze Herden; denn oft sind die Ränder unerklimmbarer Fels. – Auch dadurch ein Unglück, daß es bei Regen meist stürmisch und bitter kalt ist. Die geschwächten Tiere sterben an Nässe und Kälte. Und nicht jeder Nomade besitzt ein gutes Zelt, haltbar und dicht. Da der Zündschwamm naß wird, ist meist kein Feuer zu machen. So sterben auch Menschen. Die erste Bitte an den Europäer nach Regen ist fast immer die Bitte um Feuer. – Und tagelang stockt jeder Verkehr: Täler, die jahrelang trocken lagen, sind plötzlich unpassierbare Ströme.

Doch vor allem ist kräftiger Regen ein Glück. Reichtumszeit folgt. Schon nach wenigen Tagen wird die Sahara zur grünen Wiese! Die schlafenden Samenkörner erwachen, treiben Wurzeln, Stengel, Blätter und beeilen sich vor allem, sehr rasch zu blühen; denn die Sonne sengt ja schon wieder. Der Boden hält die Feuchtigkeit einige Tage, dann siegt die Sonne. Zehn oder vierzehn Tage lang bleibt die Sahara grüne Wiese. Die Tiere rupfen, daß sie bersten möchten. Frauen und Kinder, selbst Alte und Blinde, alles rupft, rupft und heimst ein. Man rupft, füllt in Tücher, trägt zu Haufen, macht Heu. Von allen Seiten eilen neue

Herden herbei, immer mehr Zelte erstehen. Bald ist die Wiese übervölkert, und oft folgt Streit.

Nach zwei Wochen bekommt die Wiese gelbbraune Flecken, nach drei oder vier Wochen ist sie verschwunden; die Pflanzen blühten, verstreuten Samen, und was nicht gefressen oder ausgerupft wurde, verdorrt zur Unscheinbarkeit. Aber die kaum sichtbaren, eingetrockneten Pflanzen geben den Tieren der Sahara noch ein bis zwei, manchmal drei Jahre zu leben.

Wo aber der Regen auf angeschwemmtes Land an den Ufern der Eintagsflüsse traf, da spannen die Nomaden Kamele vor ihre Holzpflüge, brechen den feuchten Boden um und besäen ihn. Oft dörrt zwar die Sonne die Halme, ehe sich Ähren bilden. Doch alle vier oder acht Jahre bringen günstige Stellen auch einmal etwas Korn.

Im ersten Jahr nach Regen ist Segenszeit, im zweiten wird die Herde magerer, im dritten beginnt, wenn Gott nicht neuen Regen sandte, die Sorge, im vierten Hunger und Not. Danach geraten die Stämme in Bewegung, denn Not kennt kein Gebot. – Zuweilen wird Weltgeschichte daraus: die Nomaden brechen über die Gebirge in das wasserreichere, dichter besiedelte Ackerbauland der Küste. – Almoraviden[1], Meriniden[2], Alaouiten[3]; in Asien Attila[4], Tammerlan[5], Dschingis Khan[6]. So hängt ein wichtiger Teil der Weltgeschichte davon ab, daß meine lächerlich kleinen Pflänzlein zwar Samen in den Sand verstreuten, doch

[1] mittelalterliche Dynastie in Afrika

[2] berberische Dynastie in Marokko (1269–1470)

[3] gegenwärtig herrschende Dynastie in Marokko. Alle drei waren ursprungs Nomaden.

[4] Führer nomadischer türkischer Krieger

[5] auch Timur Lenk genannt, ein Türke, der im späten Mittelalter die reichen Großstädte des heutigen Irans und Ägyptens plündernd verwüstete

[6] Begründer des mongolischen Weltreichs in Asien (ca. 1167–1227). Führer nomadischer Stämme in Asien

Gott nicht den Regen sandte, neue Pflanzen daraus wachsen zu lassen.

Auch in der Region hier ist seit vielen Jahren kein Regen gefallen. Noch ist es nicht zu spät für den Frühjahrsregen. Alle warten auf ihn. Was wird geschehen, wenn er auch dieses Jahr ausbleibt? – Im Tafilalet* ist Regen gefallen, doch nur wenig. Kaum einer hat aufgepackt und ist hingezogen. Es muß auch noch andere Gründe geben. Doch die erfahre ich nicht.

Auf einem großen gelben Kamel kommt ein stattlicher Mann angeritten, groß und körperstark. Sein Obergewand, halb Hemd, halb Jacke, ist reich bestickt, die lockeren Sahara-Hosen sind mit Ziernähten reichlich versehen. Nomadensandalen schützen die Füße, den Kopf ein wollenes Käppi, es paßt nicht recht zueinander. Ein jüngerer, minderer Mann begleitet ihn.

Als sie näher sind, ruft er »Guten Tag, Herr Doktor Neumann!« und strahlt mich breit an. Er läßt sein Kamel auf den Brusthöcker sinken, setzt ihm die Wüstensandalen auf den zottigen Hals, steigt ab, drückt mir die Hand, drückt mich auch gleich nach Art des Landes an die Brust, begrüßt mich mit all der Wärme, die hier üblich ist. Ich sage »Marhaba«, herzlich willkommen, dann, daß wir Tee trinken wollen. Seinem schmalen, braunen Begleiter strecke ich die Hand hin und sage »Es-Salam elik!« und der antwortet: »Gotten Tagg, Err Dukktor Nöman!« Ich frage ihn: »Sprechen sie Deutsch?«, er antwortet mit tiefer, ernster Stimme: »Näin, näin, näin!«

Nach Landesart nehme ich den Älteren bei der Hand und führe ihn zu meinem besten Platz unter den Palmen. Er legt sich auf eine Decke, schiebt sich ein Kissen unter die Achsel und ist zu

* Tafilelt, Tafilalt, zu Marokko gehörende Oasengruppe südlich des Hohen Atlas, 750 m hoch, zählt etwa 150 000 berberische Einwohner, die vor allem Dattelbau betreiben. Es ist in Trockenzeiten einer der wichtigsten Sammelpunkte der Nomaden.

Hause. Sollte es jener Doktor Laser sein, der vier Tagesreisen von hier einen unglaublich tiefen Brunnen grub? Man fragt nicht, ehe man Tee getrunken hat, doch verstohlen mustern wir uns. Sein Diener hat sich meines Teegeschirrs bemächtigt. Ich schweige, denn natürlich ist mein Besucher reisemüde und froh, Körper und Gedanken ruhen zu lassen. Er hat ein ebenmäßiges, breites, stark ausgeformtes Gesicht, das Gesicht eines Mannes, der zupackt und dabei nachdenklich ist, eines Mannes in seelischem Gleichmaß. Er hat gute Augen mit kleinen Lachfalten. Im übrigen genießt er es offenbar, mich im Unklaren zu lassen. Es ist eine kleine Prüfung.

Ich hole Datteln, Kekse und die für besonderen Besuch verwahrten Mandeln. Der Tee ist fertig, wir schlürfen die Labung heiß und süß. Die Lachfältchen werden tiefer, dann sagt er: »Ich denke, sie hörten von mir; Laser ist mein Name.« Da schütteln wir uns noch mal die Hand, ich freue mich wirklich.

Nach dem Tee ruhen wir noch. Natürlich bleibt er über Nacht. Sein junger Mann packt die Kamelsättel ab, läßt die Kamele aufstehen, fesselt ihnen die Vorderfüße für kurze Schritte. Dann hat er Gemüse und Fleisch ausgepackt, meine Brotkneteschüssel gegriffen, Hefe, Mehl, Salz geholt und knetet das Brot; all dies von allein. Es gibt kein angenehmeres Zusammenleben als mit einem Diener des Landes. Du behandelst ihn als Kamerad, und er dient dir mit der ganzen Hingabe seiner einfachen, doch guten Seele, verteidigt dein Eigentum, sorgt für dich, wird dich nie verraten, will freilich als Persönlichkeit gelten gelassen werden und erwartet unbedingt deinen Schutz, wenn in Not. Die Grenze zwischen Herr und Diener wird nie überschritten.

Doktor Laser spricht präzises Deutsch mit genauer Wortwahl, wie es heute selten geworden ist. Ich wechsele beiläufig ins Arabische: Er spricht es besser als ich, klassisch wie mundartlich, und schleunigst rette ich mich auf sicheren Grund. Ich höre seine

Geschichte. Vor zwanzig Jahren sah er die Sahara zum erstenmal; das Sprichwort erfüllte sich: wer ein halbes Jahr in der Sahara war, ist ihr auf immer verfallen. Im Sommer leitet er in Europa ein großes Kinderheim, doch der Winter sieht ihn in der Wüste. – In einem Wüstental, drei Tagesreisen von hier, hörte er eines Tags eine Stimme: »Hier sollst Du einen Brunnen graben!« Er gehorchte und grub. Man muß dies nicht wörtlich verstehen, die Kinder des Landes, dafür entlohnt, gruben für ihn. Doch auch er legte Hand an. Sie gruben in dem steinigen Boden 20 Meter tief, dann 30 Meter. Als er bei 40 Meter immer noch kein Wasser fand, kamen die weisen Männer des Landes, deren Herzen er durch seine gute Art gewonnen hatte. Auf einer schwankenden Eisenleiter stiegen sie mit ihm ungeheuer in die Tiefe und dann wieder herauf und sagten: Wer bei dreißig Meter kein Wasser findet, der soll nicht weitergraben; fände er tiefer noch welches, so sei das Pumpen zu teuer. Bei 50 Meter waren Geld und Zeit verbraucht; er mußte innehalten. Doch im nächsten Jahr kam er wieder. – Es wurde ein Kampf zwischen Menschenwillen und der Natur – typisch deutsch ist die Sache! Bei 73 Meter fand er Wasser, 76 Meter tief ist der Brunnen jetzt. Er bewässert kleine Felder und gibt Arbeit und Brot für drei oder vier Familien. – 76 Meter! Der Kölner Dom im Negativ. Ähnlich eindrucksvoll ... und gering im Nutzeffekt. Doch gerade deshalb edelstes Zeugnis des Menschenwillens.

In Afrika ist derlei ein fremdartiges Tun. Der Natur etwas abtrotzen zu wollen, ist nicht die Art dieser Menschen, Auflehnung gegen Gottes erkennbaren Willen nicht denkbar. Einen Prometheus kennt Afrika so wenig wie einen Dr. Faust.

Nun kam Dr. Laser, mich zu besuchen. Kunde gelangte zu ihm, ein »Ruomi«, ein Europäer, lebe ganz still bei Sidi Abd-er-Rachmans Quelle. – So erzähle nun ich und führe ihn an alle mir lieb gewordenen Plätze. – Danach sind Brot und Tajin fertig.

Dann sitzen wir bei kleinem Feuer und reden in unserer Muttersprache, sprechen über Afrika und Europa.

In einer Erfahrung treffen wir uns, kehrten wir aus Europa mit seiner Hast, seiner Kälte des Gefühles, seiner unpersönlichen Korrektheit, der Anzahl teurer Zivilisationsgüter als Maßstab für den Wert einer Person nach Afrika zurück: welche Wärme menschlichen Kontaktes, welche Harmonie im Umgang, welche Bereitschaft, sich mit dem Fremden zu freuen, zu lachen, zu singen, aus geringstem Anlaß ein Fest zu feiern. – »Die viel zu vielen Dinge, die wir Europäer haben«, sagte Doktor Laser, »machen uns zu ihren Sklaven. Hier genügen fünfzehn Dinge für einen Nomadenhaushalt. Das ist die Erklärung: die Einfachheit des äußeren Lebens, das Fortlassen alles nicht unbedingt Nötigen, das schafft hier die Harmonie der Seele, das Glück, wenn sie es so nennen wollen.«

»Es gibt eine Gegenprobe«, sagt Dr. Laser. »Sobald die vielen Dinge Europas, Amerikas, Japans in Afrikas Städten Wünsche wecken nach Zigaretten, Armbanduhr, Radio, Auto, vielleicht auch noch Fernseher, dann ist die ganze Disharmonie auch hier voll zur Stelle.« – Ich weiß, daß er recht hat. Afrikas große Städte sind halbwegs die Hölle auf Erden. – Halb lachend, halb verlegen gestehen wir uns, daß wir uns hier in der Wüste rundweg glücklich fühlen. Wie einfach ist das Rezept: vermindert die Wünsche, vermindert die Zahl der Sachen. Schöpft dafür die schönen Dinge, die die Welt gratis gibt, vollkommen aus! Und ich erzähle von den Sonnenuntergängen, den Sternen, den grünleuchtenden Sternschnuppen, der Schlange und von den kleinen Blümchen.

Doch nun frage ich: »Können wir in Europa mit unseren komplizierten Lebensformen und unseren großen Städten denn ohne völligen Zusammenbruch überhaupt noch zum einfachen Leben zurück?« – Er antwortet mit einer Gegenfrage: »Europa ist nicht mehr wie früher der Besitzer der Welt. Europa ist auch nicht mehr, wie bis vor kurzem, die Werkstatt der Welt. Kein Land Europas hat sich bisher an die neue Situation angepaßt, jedes lebt über seine Verhältnisse und ist phantastisch verschuldet. – Wird das Schicksal uns überhaupt fragen, ob wir zum einfachen Leben zurückkehren wollen? Wird es uns nicht zu primitiven Lebensformen zurückzwingen, gleichgültig, ob wir dies wollen oder nicht?« – So fragt er. Wir schweigen beide.

Es wurde Nacht. Wir haben Vollmond. Ich greife meinen Hirtenstock, und wir wandern hinaus in die Wüste. Wir versuchen uns an dem großen Rätsel, welches Afrikas Menschen für uns Europäer sind. »Die Afrikaner«, sagt Dr. Laser, »denken ganz anders und reagieren ganz anders. Wer hier an das Verhalten der Menschen den Maßstab des Europäers anlegt, wird vollkommen scheitern. Das logische Denken folgt hier anderen Gesetzmäßigkeiten. In Wahrheit wird wohl überhaupt kaum logisch gedacht, so wie wir Europäer, jedenfalls unsere besten Köpfe, es von Griechen und Römern lernten. Nahezu alles steuern hier festgelegte Verhaltensformen. Nennen sie diese geprägten Verhaltensformen doch ruhig Instinkt.«

Ich frage ihn nach Beispielen, und er zählt auf: »Es gibt keine Dankbarkeit. Sie können einem Armen ein Vermögen schenken, er wird nicht Ihnen danken, sondern Gott.«

»Die innere Verpflichtung gegenüber dem anderen endet am Rande der Familie, allerspätestens am Rande des Stammes. Dem Fremden gilt das Gastrecht, dem Armen die Vorschriften des Koran zur Wohltätigkeit. Beim Handel sind die Verträge zu halten und ist mit rechtem Gewicht zu wägen. Doch eine Verpflichtung fremden Menschen gegenüber, nur weil sie eben auch Menschen sind, gibt es nicht.«

»Die ganz andere Einstellung zur Zeit. Daß Zeit einen Wert

darstellen kann, liegt ganz außerhalb der Denkmöglichkeit. Der Satz ›Zeit ist Geld‹ kann hier nur Kopfschütteln oder Gelächter erregen.«

»Es gibt hier keine Wißbegier, keinen Wunsch, hinter Zusammenhänge zu blicken. ›Wir sind Folgende, nicht Führende‹, sagen die Menschen von sich. – Ein Narr, wer ›Aufklärung‹ oder ›das Licht des Geistes‹ in diesen Kontinent tragen will.«

»Technisches Denken ist diesen Menschen verschlossen. Der Satz ›Wissen ist Macht‹ gilt hier nur, wo die eigene Hand ihn verwirklichen kann.«

»Da haben sie einige der Unterschiede zum Europäer«, sagt Dr. Laser. »Es gibt noch weit mehr.« – Wir wandern unterdes durch die mondfahle Wüste. Sagt Dr. Laser: »Ein ungewöhnlich dummer Mensch hat in Europa das Schlagwort geprägt: ›Alles ist gleich, was Menschenantlitz trägt.‹ Auf Schritt und Tritt erleben wir doch hier, wie aufs äußerste ungleich ist, was mit Menschenantlitz herumläuft.« – Und als wir zu unseren Palmen zurückkehren: »Wenn man hier etwas erreichen will, dann muß man afrikanisch vorgehen. In Europa ist die kürzeste Verbindung zwischen zwei Punkten die gerade Linie. In Afrika hat der kürzeste Weg vielerlei Form, hat Schleifen und Haken, doch die gerade Linie ist's nie.«

So tasten wir beide an dem Phänomen Afrika herum, diesem großen, unbekannten, geheimnisvollen Kontinent, von dessem Inneren bis vor zwei Menschenaltern kein Europäer eine Vorstellung hatte, und das sich, seit die Kolonialmächte abzogen, gegen Europa wieder fast völlig verschließt.

Bis spät in die Nacht haben wir in unserer Muttersprache gesprochen. Es hat uns beiden gut getan. Dann schlafen wir, sein junger Diener schläft vor dem Zelt unter zwei Decken. Morgens melkt er die Kamelkuh und kocht eine Mehlsuppe mit der Milch. Dr. Laser drückt mich an seine breite Brust. Ich muß versprechen, ihn im Herbst zu besuchen, wenn in der Wüste so lange noch Frieden herrscht. Dann setzt er seinen Fuß auf den Hals des Kameles und schiebt sich rückwärts in den geräumigen Sattel. Gemessenen Schrittes tragen die Tiere meine Gäste nach Norden davon. Erst als sie nur noch kleine Punkte sind, kehre ich zu meinem Zelt zurück.

Ich berichte von den Tieren in meiner Oase: Ich zähle drei Arten von Vögeln. – Da sind kleine graue Vögel von Spatzenart, etwa ein Dutzend. Sie benehmen sich wie Spatzen überall, sind aber schweigsam. Was sollten sie sich schließlich hier auch zu erzählen haben? Da gibt es eine Art sandbrauner Amseln mit langem Schwanz und kurzen Flügeln. Es sind nur drei: zwei Herren und eine Dame, ein Dreiecksverhältnis. Sie machen höllischen Spektakel. Die Männer entscheiden die Sache nach Hahnenkampfart. Madame ist dies einerlei; ihr genügt es, den Stärksten zu haben. Sie fliegt allerhand Fasern in ein Loch im Palmendickicht für Wonnelager und Eiernest. Ist zwischen den Männern mal Frieden, dann versammeln sich alle in meiner Küche und zerzausen sie von oben bis unten.

Dann gibt es noch einen ganz kleinen Vogel, schwarz mit weißer Haube – nur einen, er ist ganz allein! Ein Sturm wird ihn hergeweht haben. Schreibe ich, so sitzt er vor mir und sieht mich unverwandt an, als bitte er, ihn wieder in seine Heimat zu bringen.

Eine wüstengraue Springmaus mit schwarzen Knopfaugen und kräftigen Hinterbeinen wohnt in meiner Palmeninsel. Sie ist nur nachts unterwegs. Gestern überraschte ich sie mit der Taschenlampe in meiner Küche. Ein handgroßes Stück Brot versuchte sie in ein enges Loch zu ziehen und war verärgert, weil dies nicht ging. Ich nahm ihr das große Brotstück aus den Zähnen, denn es gibt genug Krümel. Zornig hat sie mit ihren Knopfaugen gefunkelt.

Im kleinen Sumpf neben der Quelle leben an die zwanzig magere Frösche. Die machen den meisten Lärm. – Fliegen gibt es, doch sie stören selten. Zwei Libellen sah ich. – Morgens finde ich die Fußspuren der Hyäne, doch nie näher als 20 Meter am Zelt. In weiter Ferne stehen manchmal Gruppen von Gazellen.

Am rätselhaftesten ist mir eine Familie von Eseln; Vater, Mutter, Kind. Vormittags kommen sie gemessenen Ganges aus der Wüste, trinken ein wenig aus dem Bach unter dem Grab des heiligen Mannes, dann rupfen sie im Unterlauf Grünzeug. Es sind schöne Tiere, mit kurzem, glatten, gelbbraunen Fell und jenem schwarzen Streifen am Hals, der wie ein Lederhalsband aussieht und sich in feinem Bogen wie Spitzen einer Mondsichel nach unten verliert – ein Spiel der Natur. Der Sohn hat einen prallen Babybauch und noch das zottelige Kinderfell. Sie führen ein stilles, doch selbstbewußtes Leben. Man hört fast nichts von ihnen, keinen Eselsschrei, kaum je ihre Tritte. Ob es »freie« Esel sind, die keinem gehören, die unter dem Schutz des heiligen Mannes leben?

Viele der Tiere sind ganz ohne Scheu vor dem Menschen. So erinnert meine Oase etwas an das Paradies. Untereinander freilich werden sie sich wohl verspeisen. Doch fürchte ich, das war auch im Paradiese so; denn wovon lebte der Löwe?

Weit bin ich heute durch die Wüste gelaufen. Rückkehrend sehe ich drei Kamele mit weit gefesselten Beinen auf Futtersuche. Vor meinem Zelt lagern im Sande Shama, der große Sohn meines »Nachbarn«, und zwei andere Beni Arib, jung wie er.

Wir begrüßen uns mit Herzlichkeit, trinken Tee, liegen im Sand, sprechen oder schweigen, sind in Harmonie. Die jungen Leute haben offene Gesichter und sind von angenehmer Art. Nachdem sie vorsichtig prüften, ob es mir als dem Älteren recht ist, erweisen sie sich untereinander als Spaßvögel schalkhafter

Art, gelöst, doch voll Rücksicht. Stets staune ich, wie diese ganz einfachen Menschen dies Taktgefühl lernten. Es macht das Leben in diesem Land so angenehm. Die drei sind nur gekommen, mich zu besuchen. Das mag nun sein, wie es will; wir ruhen und sprechen, und es ist gut.

Als die Sonne sinkt, geht es ans Brotbacken. Ich bin Zuschauer heute. Vielleicht glauben die Burschen gar, ich verstünde es nicht. Doch die Zeiten, da mein Brot wie trockenes Holz war, sind lange vorbei. – Omar zieht die obere Jellaba aus, wäscht die Hände, setzt vor sich in den Sand die Blechschüssel, sagt »Bismillah«, gießt Wasser hinein, dazu Salz und etwas Trockenhefe der Sahara, rührt mit der Hand um und tut dann Mehl hinein. Eine mit einem ganz hohen Berg Mehl gefüllte Hand pro Kopf ist etwa richtig. Es gibt einen zähen Kloß. Den knetet Omar, boxt, knautscht und walkt mit aller Kraft, es ist harte Arbeit. Ich pfuschte anfangs und erhielt klitschige Fladen. Nach einer Viertelstunde richtet Omar sich auf, legt ein Tuch über die Schüssel und läßt dem Teig Ruhe; die Hefe muß gären.

Soll das Brot gedeihen, so braucht man kräftiges Holz und viel davon. Holz ist in der Wüste rar. So sammeln es die Nomaden möglichst schon auf dem Weg. – Wir brauchen außerdem Steine, so groß wie Hühnereier, glatt und rund. Die sind hier reichlich vorhanden. Omar ordnet sie auf dem Sand zu einer runden Fläche, halbmetergroß. Darauf packt er das Holz, schlägt Feuer, entzündet ein trockenes Palmblatt und mit dem das Holz. Nun lodern die Flammen. Sein Freund Schech hat unterdes in die Gedra, den qroßen Kochtopf, ein wenig Gemüse vom letzten Souk geschnitten, zwei Kartoffeln, trockenes Kamelfleisch und Linsen. Auch Kamelfett aus dem Höcker in ganz feinen Scheiben. Das sieht aus wie Talg, doch schmeckt so würzig wie Knorrs Suppenwürfel. Es kocht. Nun haben wir Pause, lagern ums Feuer.

Es ist dunkel geworden, nur die Flammen leuchten. Schwarz

erscheint im Lichte der Flammen die braune Haut der Gesichter, weiß leuchten daraus die Augen und Zähne. Schlägt die Flamme hoch, dann schimmern auch die Köpfe der Palmen. Die jungen Leute unterhalten sich über die Schlöhfamilie, sie lachen leise oder lächeln nur still. Ich liege dabei, höre zu, lerne dabei ihre Sprache. Mir geht durch den Kopf: Da liege ich nun im tiefen Afrika in der Wüste allein, nur mit drei Männern, die ich erst seit kurzem kenne. Und ich fühle mich dabei so »zu Hause« und von Herzen willkommen wie selten in meinem Leben. Das Ganze ist wie ein Traum. – Die wenigen Europäer, die Afrika wirklich kennen, haben mir das vorausgesagt; doch ich habe es nicht glauben wollen. – Unterdes geht ein Wind über die nächtliche Wüste, die Palmwipfel rauschen, und vom Feuer wehen die Funken.

Da springen die drei jungen Männer fast gleichzeitig auf, greifen Steine und schleudern sie mit Gewalt an eine Stelle des Bodens, als ob sie Satan steinigen wollen. Ich sehe etwas huschen, daumengroß, weiß, schnell. »Ankbud!« rufen sie. Ankbud heißt eigentlich Spinne, doch hier meint es ein fünf Zentimeter langes Insekt, sein Kopf eine einzige Zange. Ich hatte aus Unerfahrenheit nie großen Respekt davor, die Landeskinder haben ihn. Sie schlagen Ankbud sorgfältig ganz und gar tot und spießen sie zur Sicherheit mit einem langen Dorn im Sande fest.

Des Brotbackens dritter Akt: Omar räumt das abgebrannte Holz weg, fegt mit einem trockenen Palmblatt die Asche von den glutheißen Steinen, sagt »Bismillah« und klatscht den Brotteig als breiten Fladen darauf. Oben und an den Seiten hält Omar eine lodernde Fackel trockener Palmblätter dicht an den Teig. Als der überall eine braune Kruste hat, häuft er eine dünne Schicht Sand darüber und macht darauf noch mal Feuer. Als es erlischt, hebt er mit einer Palmrispe aus dem heißen Sand ein großes, braunes, köstlich duftendes Brot.

Eine Decke wird auf den Sand gebreitet, in die Mitte wird der Topf mit dem Tajin gesetzt. Hände gewaschen, dann im Schneidersitz um die Schüssel. »Bismillah« im Namen Gottes, sage ich und breche das Brot, »Bismillah«, antworten die anderen. Jeder greift ein großes Stück, bricht etwas davon ab und taucht das in den gemeinsamen Topf. Wunderbar schmeckt und duftet das frische, heiße Brot. Es ist eine der großen Köstlichkeiten der Erde. Keiner meiner Wüstenfreunde kann begreifen, wie man in Europa das kalte, klamme Brot essen mag, das vor einem halben Tag oder mehr von einer Fabrik produziert worden ist.

Wir essen schweigsam und rasch. Erst stippen wir mit dem Brot den Gemüsesaft auf. Dann essen wir das Gemüse, die Linsen. Ein Stückchen Brot dient als Unterlage, der Finger hilft. Ein Topf mit Wasser macht die Runde. Dann ist es meine Aufgabe als Ältester, das Fleisch zu verteilen. Jedem gleichviel; doch wäre ein Gast dabei, erhielte der mehr und das Beste. Am Ende stippen wir mit dem Brot den Rest des Saftes auf, lecken uns die Finger ab, sagen »Hamdulillah!«, Gott sei gedankt, waschen die Hände, spülen uns den Mund und lagern uns dann um das Feuer. Der Jüngste bringt Teekanne, Gläser, Zucker und Tee; Shama bereitet ihn. Er bläst in die Glut, daß die Funken stieben. Die gelben Funken fliegen zu den Sternen am Himmel, und die Palmköpfe leuchten.

Ich bringe einen meiner stillen Wünsche zur Sprache: Ich möchte, Inschallah, im nächsten Jahr die Reise der alten, großen Handelskarawanen wiederholen. Im Herbst südwärts durch die Sahara bis zum Steppenland Senegals, ins Afrika der Neger, möchte das sagenreiche Timbuktu sehen, den Fluß Niger, die alten Reiche der großen Negerkönige. Im Frühjahr dann durch die Wüste zurück wieder nach Norden; mit Kamel, so wie die Karanen es taten.

Alleine kann ich solche Reise nicht machen. Einen Europäer

kann ich als Begleiter nicht brauchen, außer er spräche Arabisch und wüßte zu leben wie die Nomaden. Doch solche Europäer scheint es nicht mehr zu geben. Die Arib aber sind seit je Karawanenführer auf dieser Strecke gewesen. Doch vielleicht ging mit dem Ende der großen Karawanen auch ihnen dieses Wissen verloren? Ich male auf ein Blatt Papier die alten Routen, die Brunnen auf der Strecke, die wichtigsten Oasen. Ich studierte sie oft genug aus alten Berichten und übertrug sie auf neuere Karten. – Die drei jungen Leute sind von angesehenen Familien. Sie leben im Zelt des Vaters und hören die Gespräche der Alten. Aus Einzelheiten merke ich, daß das Wissen um solche Reisen noch lebendig ist. Ich spüre, daß der Gedanke sie lockt. Doch sie sagen wenig dazu, fast nichts. Anfangs bin ich enttäuscht. Dann wird mir klar, daß es nicht die Art dieser Menschen ist, über Wichtiges zu reden, ehe sie es gründlich bedachten.

So sprechen wir noch dies und das, dann ist Schlafenszeit. Für vier Mann ist mein Zelt zu klein, sie werden bei den Kamelen schlafen. Ich gebe jedem eine Decke mit. Am nächsten Morgen, obwohl ich mit Sonnenaufgang aufstand, sind alle drei fort. Meine drei Decken liegen sauber gefaltet dicht vor meinem Zelt.

Wenige Tage darauf kommen zwei meiner Besucher erneut. An einer Lederkordel führen sie ein »leeres« Kamel, kein Lastkamel, sondern eine Kamelstute mit Reitsattel, ein großes, sehr schönes Tier. An einem Lederband trägt es am Hals ein schützendes Amulett.

Die jungen Leute wollen heute keinen Tee. Ihr Vater wünsche mir Gottes Segen. Ich möchte doch bitte noch heute zu ihm kommen, hier sei die Naga. Sie geben mir die Lederkordel in die Hand, die zum Nasenring des riesigen Tieres hochführt. Vielleicht steht dabei ein leichtes Lächeln in ihren Augen, vielleicht täusche ich mich. Jedenfalls schütteln sie mir die Hand und ziehen gleich weiter. Ich wette, daß sie hinter dem nächsten Hügel haltmachen und verborgen zuschauen, wie ich mit dem gewaltigen Stück Kamel zurechtkommen werde. – Gewiß haben sie ihrem Vater vom Plan der Kamelreise nach Timbuktu erzählt. Klar, daß sie als erstes wissen müssen, ob ich mit Kamelen überhaupt umgehen kann.

Ein Weilchen stelle ich mich vor das große Tier, denn Kamele wollen einen neuen Herren sehen. Es ist gelblich-grau, mit hochmütig-urklugem Schlangenkopf. Ich sage »Dsch, dsch, dsch!«, da knickt der Turm erst vorn, dann hinten seine langen Beine zusammen. Ich fessele mit der Wollkordel, die am Reitsattel hängt, ein Vorderbein am Gelenk. Dann rupfe ich dem großen Tier ein bißchen Schilf aus Sidi Abd-er-Rachmans Bach.

Nun darf ich mich also nicht blamieren: Auf den Reisesattel des Kameles breite ich zwei Wolldecken und darauf zwei Schafsfelle. Seitlich hänge ich einen kleinen Wasserkanister; an die andere Seite meine derbe kleine Reisetasche mit Brille, Zahnbürste, Rasierzeug und Schreibheft sowie drei Hände voll Datteln. Um mein Zelt brauche ich mir keine Sorgen zu machen, niemand nimmt etwas aus einem Zelt, das geschlossen ist. Fast hätte ich die wollene Hirtenselham vergessen; auch sie binde ich seitlich an den Sattel. Eine Reitgerte brauche ich. Ist man wohlhabend, so ist sie reich verziert. Hier nehme ich einfach ein meterlanges Stück der Rispe eines Palmblattes.

Habe ich alles? Ich weiß ja, daß verborgen vier Augen schauen. Ich greife die Lederkordel, die zum Nasenring führt, nehme sie kurz, um den Kopf von mir abzuhalten, falls die Kamelstute beißen wollte. Dann löse ich die Fußfessel, sage »Bismillah«, im Namen Gottes, und steige mit meinen Wüstensandalen erst auf den vorderen Unterschenkel, dann auf den Hals und von da in den Sattel. Der ist anders als ein Pferdesattel, ist ein

Der hochmütig-urkluge Schlangenkopf eines Kamels

wahrer Sessel. Hinten hat er eine Lehne, vorn einen starken Griff, dazu zwei Seitenbretter. An dem Griff halte ich mich gut fest und mache hinten im Gaumen so etwas wie »Klock, klock, klock«. Da geschieht es wirklich; der Turm steigt hinten hoch, daß ich mich mit aller Kraft am vorderen Sattelgriff abstützen muß. Dann steigt der Turm vorn, danach ist mein Sessel wieder horizontal, doch zwei Meter höher. Ein letzter Blick rundum, nichts vergessen? Also los!

»Ijeck, Ijeck, Ijeck!« sage ich, und tippe mit dem Reitstock auf das Hinterteil. Da setzt sich das Schiff in Bewegung. Ich tippe etwas am Halse an der linken Seite, da fährt es einen Bogen. Als jener Tafelberg von typischer Form vor mir liegt, bei dem Dachans Zelt steht, höre ich auf zu tippen. Nun fährt mein Schiff geradeaus.

Am Anfang befindet man sich im Kamelsattel höchst komfortabel. Man thront auf weichen Fellen hoch über der Welt, man schaut am massigen Brustkasten des Tieres nach unten, wo in der Tiefe langsam gleichmäßig die langen Beine schreiten, wo mit sanftem Stampflaut die Kissenpolster der Füße auf den Boden setzen. Im Rhythmus der Schritte wiegt sich der Sattel nach vorn und zurück. Viel Arbeit hat man nicht. Man hält die geflochtene Lederkordel, die zum Nasenring führt; die ist die Bremse. Man hält die Reitgerte; die ist Gashebel und Steuerrad. Etwa jede halbe Minute ruft man leise »Ijeck, Ijeck, Ijeck!« und stubst mit der Gerte etwas aufs Hinterteil. Unterläßt man dies, dann läuft das Kamel immer langsamer und beginnt dann, nach Futter zu suchen. Von Zeit zu Zeit muß man die Richtung korrigieren, indem man am Halse klopft. Sehr aufpassen muß man, wenn voraus ein Busch oder Baum steht, denn das Kamel steuert ihn an, um im Vorbeischreiten ein Maul voll abzurupfen. Und da in der Wüste alles Pflanzliche leider voll Stacheln sitzt, kann es einen entsetzlich zerkratzen. Ein Baumast kann den Träumenden auch aus dem Sattel heben. Meist aber stampft das Schiff der Wüste gleichmäßig seinen Weg. Eingelullt vom Wiegeschritt des Tieres döst oder träumt man und verliert alles Maß für die Zeit.

Die »Navigation« erfolgt ungefähr nach der Himmelsrichtung, die Sonne zeigt sie. Doch vor allem nach der Form der typischen Tafelberge der Wüste. Die sind wie Leuchttürme, sie weisen den Weg. Normale Landkarten nützen fast nichts, es gibt auch keine. Die Form der Berge ist unverwechselbar; man läßt sie sich vorher beschreiben oder in den Sand zeichnen. Die Reise geht »quer feldein«, es gibt keine Wege. Gern reitet man in trockenen Tälern, solange deren Richtung stimmt, gern auch über Steinplateaus, wenn da nicht allzugroße Brocken liegen. Sanddünen meidet man.

Wo ich jetzt reite, ist der Wüstenboden eben und ohne Steine, fordert vom Kamel keine Aufmerksamkeit. Da wendet das Tier seinen Kopf auf dem langen Schlangenhals zu mir hin. Es läuft dabei weiter, doch schaut es mich aus seinen großen schwarzen Augen unverwandt an. Mit tiefer Melancholie hält es sozusagen vorwurfsvolle Zwiegespräche mit mir. So seltsam es sich anhört: Ich fühle mich in Verlegenheit gesetzt! Dabei bewundere ich Kamele; sie sind so perfekt an ihre Umgebung angepaßt! Leitlinie ihres Handelns ist, soviel zu fressen wie es geht und so wenig zu arbeiten wie möglich. Dies ins Kalkül gesetzt, bin ich mit Kamelen gut ausgekommen.

In der ersten Stunde ist's im Kamelsattel herrlich. In der zweiten bemerkt man, daß der Mensch Rücken- und Bauchmuskeln hat. Sie ermüden vom Wiegen nach vorn und zurück. In der dritten Stunde schmerzen sie sehr. In der vierten muß man absteigen und das Kamel an der Kordel führen, jedenfalls bis man trainiert ist. – Läuft das Kamel Trab, so wird es noch schlimmer; er stuckst weicher als beim Pferdetrab, doch mit mehr Nachdruck. So wickeln die Kamelsoldaten der Wüste den Leib mit starken Binden und essen nichts vor der Reise.

Nun reite ich schon reichlich drei Stunden. Der Tafelberg steht dicht vor mir, nur ein breites, trockenes Tal trennt mich von ihm. Da sehe ich schräg vor mir zwei schwarze Zelte. Das müssen die Zelte von Dachan sein, meinem »Nachbarn«. Doch ich will zeigen, daß ich auch weite Strecken reiten kann. Einen großen Bogen will ich machen und von der anderen Seite kommen. Einen guten Kilometer weit sollen die Zelte an der Seite bleiben. Doch jetzt sieht auch das Kamel die Zelte. Eine Weile äugt es, dann dreht es brüsk darauf zu. Aber ich will ja noch weiter; so steuere ich das Kamel wieder auf alten Kurs.

Das Kamel ist anderer Meinung, das Steuer meines Schiffes versagt. Nun steuere ich energisch, klopfe mit der Palmgerte stärker gegen den Hals, das Kamel folgt mir; kaum höre ich auf zu klopfen, wendet es sich erneut zu den Zelten. Jetzt steuere ich mit Gewalt. Es muß, bei Iblis, doch klargestellt sein, ob das Kamel kommandiert oder ich. Doch da ist das Kamel beleidigt! Es hält an, knickt erst vorn, dann hinten seine Beine zusammen und ruht auf seinem Brusthöcker. Es streikt!

Da sitze ich nun in der heißen Nachmittagssonne in der Sahara auf einem Kamel, das streikt. Aber ich kenne die Sache. Ich muß mein Auto neu starten. Sanftes Klopfen hinten und »Ijeck, Ijeck, Ijeck!« Es steht willig auf, wendet sich jedoch sogleich wieder den Zelten zu. Jetzt bin ich verärgert und haue ihm eins über; da läßt es sich wieder zu Boden. Hole Scheitan alle Kamele!

Nun gibt es zwei Möglichkeiten: Ich kann absteigen und das Kamel mit der Lederkordel am Nasenring hinter mir herziehen, bis die Zelte hinter uns liegen. Das ist wirksam, doch mühevoll. Oder ich gebe zu, daß das Kamel Allahs Willen wohl besser kennt. Ich wähle die zweite Möglichkeit.

Jetzt geht es rasch auf die schwarzen Zelte zu. Man hat mich gesehen, Nomadenkinder laufen mir entgegen. Die älteren nehmen mir Kamel und Lederkordel ab und führen mich in das größere der schwarzen Zelte. Dachan, mein Nachbar, tritt mir entgegen, zieht mich an seine Brust, küßt mich auf die Wangen. Es rattert das Zeremoniell der üblichen Fragen: »La bas? Kulschi la bas?...«, und schließlich »Hamdulillah!«.

Danach zieht er mich in das Zelt. Vorn ist sauberer Sandboden. Ein Holzkohlenbecken steht da und ein kupferner Wasserkessel. Dacht ich's mir doch, daß er kein armer Mann ist. Im Zelt läuft vorn auf dem Boden ein Strick mit kleinen Schlingen. Da werden das Nachts die jungen Zicklein festgemacht, daß die Hyäne sie nicht frißt. In der hinteren Hälfte des Zeltes liegen Teppiche und Decken und Kissen. Ich streife die Sandalen ab. Ein weiterer Teppich wird ausgebreitet, ein Kissen in den Rücken geschoben, ein anderes unter die Achsel. Der dritte Sohn reicht dem Vater die große Schale aus schwarzem Holz mit Kamelmilch, ein Tuch bedeckt sie. Erst trinkt der Vater ein wenig, dann bekomme ich die Schale. Kühle Buttermilch von Kamelen ist eine Köstlichkeit nach durstiger Reise.

Nun beginnen Tage der Gastfreundschaft, Tage voller Wunder für den Europäer, unvergeßliche Tage. Das abendliche Zusammenholen der verstreut weidenden Kamele, das gemeinsame Gebet aller, die Mahlzeit der Männer beim flackernden Feuer, die Gespräche danach, die Gänge in der Nacht durch die Reihen der auf ihrem Brusthöcker ruhenden und wiederkäuenden Kamele, das Schlafen im großen, vorn offenen Zelt unter einer riesenhaften, schweren, gemeinsamen Decke, das Erwachen beim ersten Morgengrauen in bitterer Kälte, das Morgengebet auf dem kalten Wüstensand, das Melken der Muttertiere, der Wechsel des Weideplatzes mit aller Habe, gepackten Zelten und der ganzen Herde. Und auf dem größten Tier rüstig und knochenstark die Altmutter wie die biblische Rebekka.

Nach zwei Wochen kehre ich mit der Naga zu meinem Zelt zurück. Der Reise im nächsten Winter quer durch die Sahara hat der Vater zugestimmt: »Wenn Gott es will.« – Was aber das Kamel angeht, so wohnt in seinem Kopf mehr Weisheit, als wir Menschen uns träumen lassen.

Die Schlöh der Wüste

Ich bin wieder daheim. Das Jahr ist fortgeschritten. Mittags steht die Sonne steil über den Palmen und brennt heißer. Auch die Luft ist mittags heiß. Meine kleinen Winterblümchen sind längst gelbbraun und dürr. Doch einer der mannshohen Tuja-Büsche, den ich für tot hielt, steht eines Morgens leuchtend da, als hätte ihn jemand gelb angestrichen. An allen Zweigen sitzen dicht bei dicht hellgelbe, ganz kleine Blüten. Zwei Tage leuchtet der Busch, am dritten ist er wieder farblos und dürr.

Die Datteln an meinen Palmen sind rar geworden. Immer längere Rispen müssen meine Besucher kletternd nach oben nehmen. Zwischen den Palmenblättern sind große gelbe »Gurken«, länger als ein Männerarm, vorgesproßt. Eine glänzende Blattwickelung hält sie stramm zusammengepackt. Was mag darin sein?

Mit der Wärme wurde die Wüste lebendig. Nachts wirtschaftet Fahr, die gelbgraue Ratte, im Unterholz des Palmendickichts, werkt zwischen Kieseln und Steinen, die klakkern und kollern. Sie gräbt einen Gang in den Boden, sie baut sich ein Haus, sie wird heiraten wollen.

Fieberhaft sind nun tagsüber die großen Ameisen tätig. Sie sind so lang wie mein Daumen breit ist und rennen in großer Eile. Aus einem Erdloch trägt jede in ihrer Beißzange einen kleinen Sandklumpen heraus, läuft damit einen halben Meter weit, legt ihn ab, rennt zurück. Kurz vor dem Loch hält sie an, dreht sich um und scharrt mit den Beinen eine knappe Sekunde Sand vom Eingang fort. Dann rennt sie wieder in das Erdloch hinein. Untätig stehen in dieser Betriebsamkeit eindrucksvoll die Soldaten, fast nur gepanzerter Kopf mit stahlglänzender Zange. Aber als ich mit einem Palmenblatt im Eingang stochere und ihn endlich verschütte, bleibt das Militär völlig passiv. Ihr Instinkt ist auf Kriege anderer Art gerichtet. Doch die Arbeiter schaffen den Zugang rasch wieder frei. Laufen sie aneinander vorbei, so betasten sie sich mit ihren Fühlern, tauschen in Ameisensprache Nachrichten aus. Fast eine Stunde lang hocke ich davor, will das besser verstehen. Dann bringt die stehende Sonne bei mir seltsame Hitzephänomene hervor. Schwankend, wie betrunken, ziehe ich mich in den Schatten zurück – ich muß vorsichtiger sein.

Die großen Ameisen halten auch meine Kochnische sauber. Sie könnten viel Ärger machen, wirken aber unauffällig wie das Personal eines guten Hotels: Zerkleinere ich einen Zuckerhut, so kommen erst einzelne Inspektoren. Werden sie fündig, telegraphieren sie Arbeiter herbei. Die rücken in Scharen an und räumen gewissenhaft auf; doch niemals nehmen sie etwas aus Töpfen oder Behältern. – Da findet eine ein Zuckerstück. Es ist so lang wie sie selbst und zehnmal so schwer. Erst suchen ihre Zangen einen guten Haltepunkt; dann probiert sie, wie es sich trägt. Jetzt nascht sie erst etwas für sich. Doch rasch sagt ihr sozialistisches Gewissen: nix naschen! roboten!! Und in knochenbrechender Mühe transportiert sie den Brocken zum weit entfernten Bau.

Doch es gibt auch noch eine andere Art ganz kleiner Ameisen, die sind stockdumm. In Scharen stürzen sie sich in jeden Kochtopf, ertränken sich zu Hunderten in einem Glas Tee, kleben sich, eine über der andern, im Öl der kalten Bratpfanne fest. Die sind eine rechte Plage.

Lange sah ich die kleine Springmaus nicht mehr, die sonst abends in meiner Küche regelmäßig mit den Töpfen klapperte. Starb sie an Herzverfettung? Oder hat »Hansch« sie verspeist, die Schlange? Meine stillen Sumpfhühner hatten in den letzten Wochen noch zurückgezogener gelebt, hatten ihr Versteck im Bambusdickicht auch abends kaum noch verlassen. Seit ein paar

Tagen kommen neue kleine Laute aus dem Schilf. So gibt es also Nachwuchs.

Zehn Minuten nach Sonnenuntergang beginnt jetzt an windstillen Abenden die Zeit der Mücken. Plötzlich ist die Luft mit metallenem Sirren gefüllt, wie von einer vibrierenden Damaszener Klinge. Zahllose ganz kleine Mücken. Dann hänge ich die Hirtenselham um meine Schultern, lasse mich nieder, ordne das weitläufige Tuch um mich, schließe die Kapuze. Dann wohne ich in meinem wollenen Haus und lasse die Mücken singen. Nach zwanzig Minuten endet der Spuk von allein, nach einem Windstoß schon früher.

Um die Mittagszeit kommt vom Ende des Baches ein Mann: klein und breitschultrig, mit reisestaubiger Jellaba und gelbbraunem Kopftuch. Sein Oberkiefer springt hasenartig vor, zwei Schneidezähne fehlen. Ein Araber ist es wohl, doch welchen Stammes? Ich meine, ihn schon einmal gesehen zu haben; doch da vermied er Kontakt.

Heute holt er mich: Er heiße Zaid, seine Leute seien unten am Bach, ich solle mit ihnen essen. So greife ich eine leichte Jellaba gegen den Sonnenglast, auch den Beutel mit Zucker und Tee und verschließe mein Zelt. Wenigstens mit dem Tee will ich Gastgeber sein. – Unter der letzten Palmengruppe beim Bach lagern drei Männer; einige Kamele und Esel rupfen im Buschwerk. Auf dem Feuer steht ein Topf, darunter bäckt sich im Sande ein Brot. Teewasser kocht, wir trinken Tee, dann essen wir. Eine kleine Handelskarawane führt Zaid. Drei Kamele, fünf Esel, allerhand Ballen. Oft ist es wohl Schmuggelgut, oft, hörte ich, sind es heute auch Waffen. In den Schluchten der Wüste sind diese kleinen Karawanen unauffindbar.

Eine Handelskarawane: Gut, treiben wir also Handel! Auf einen Wink von Zaid kommen unter den Büschen einige Säcke und Ballen zutage. Ihr Inhalt wird ausgebreitet, es ist wie in biblischen Zeiten. Ich kaufe drei Halbkilopakete grünen chinesischen Tee, denn mein Vorrat wird knapp. Zwei Turbantücher, schwarz, je fünf Meter, die sind als Gastgeschenk gut. Vier Batterien für meine Taschenlampe, die stammen aus Singapur. Doch von den vielen Radios, Armbanduhren und Feldstechern aus Japan kaufe ich nichts, so billig sie sind. Der Preis ist übrigens fest. Als ich zu handeln versuche, wie hier sonst selbstverständlich, sagt Zaid, dies sei sein Preis. Ich biete weniger. Ohne gekränkt zu sein, nimmt er die Sache zurück.

Ich sehe nur einen Teil der Ladung; der Rest interessiert mich nicht. Was heißt Schmuggel in der Wüste? Und was geht es mich an? Auf den Landkarten läuft vielleicht eine Linie, die man Grenze nennt, doch hier breiten sich unendlich Berge, Ebenen, Schluchten und Höhlen. Hier sind ja auch »Staat« und »Nationalität« ganz unbekannte Begriffe. Menschen sind alle. Nach ihrer Religion teilt man die Menschen in Muslims, in »Männer der Schrift« (Christen und Juden) und in die Heiden. – Welcher Staat sich aufwirft, die Menschen zu regieren, ist recht belanglos. Es ist in jedem Fall ein Nicht-Staat in den Augen der Muslims, denn er maßt sich Rechte an, die nur Gott zustehen. – Ich finde es schön, daß es auf der Erde staatsfreie Räume gibt. Ich wünschte, es gäbe weit mehr.

Unser kleiner Handel ist fertig, nun wird aufgeladen. Das ist schwere Arbeit. Zaid führt ein Kamel heran, läßt es niedergehen und fesselt ein Vorderbein. Um den mageren Höcker ordnet er eine dicke Lage von Decken; darauf setzt er den Lastensattel. Der ist sehr klein, kaum mehr als zwei kurze Seitenbretter, die sich an die Wirbelsäule des Tieres schmiegen. Darauf legt Zaid zwei lange Stangen. Zwei Fußfesseln halten sie vorne und hinten zusammen. Das ist die Plattform für die Ladung.

Einen großen schwarzen Ballen schleppen die Männer herbei,

eingenäht in derbes Zelttuch aus Kamelhaar. Mühsam stemmen sie den 100-Kilo-Packen auf die Lastenstangen hinauf. Danach hängen sie zwei schwere Kameltaschen rechts und links unter die Stangen. Nun sind es mehr als vier Zentner! Ein Strick wird mit aller Kraft um den Tonnenleib des Tieres und die Ladung gezogen. Das Kamel röhrt wild, und jeder hütet sich vor den Zähnen. Ein zweiter Strick wird unter dem Schwanz hindurch nach vorne gespannt. Dann bändselt einer außen am Kamel den Kleinkram fest: Teekanne, Kochtopf, Beutel mit Mehl und Zukker. Zaid löst die Fußfessel, und nach »klock, klock, klock!« stemmt sich das schwer beladene Tier waghalsig-mühselig erst hinten, dann vorn auf die langen Beine. Zaid gibt mir den Kamelstrick zu halten. Dann wird ein zweites Kamel beladen.

Ich halte die Lederkordel, die zum Nasenring des Tieres führt. Das Kamel kommt langsam an mich heran, es nähert seinen Kopf bis auf Armeslänge. Seine großen, dunklen, glänzenden Augen blicken genau in die meinen. Seltsame Empfindungen weckt dieser eindringliche Blick. Es ist, als ob es mich bis auf den tiefsten Grund meiner Seele erkennt. Ich fühle mich ins Unrecht gesetzt.

Die Augen sind schön, groß, braunschwarz und von unergründlicher Tiefe. Lange Wimpern aus sehr starken, glänzenden Haaren verschränken sich bei jedem Lidschlag ineinander und wehren den Fliegen den Zutritt. – Noch immer schaut das Kamel in meine Augen und ich in die seinen. Die Traurigkeit jahrtausendealter Erfahrung spricht aus der schwarzbraunen Tiefe. Schreiben ja die Araber dem Kamel besondere Weisheit zu: Nur das Kamel kennt den hundertsten Namen Gottes, der den Menschen verborgen ist.

Etwas Verwirrendes folgt. Plötzlich rollen aus den Augen des Kameles Tränen, ein Strom großer runder Tropfen, so wie sie kleine Kinder oder junge Frauen weinen. Selten hat mir etwas so die Seele berührt. Das Leid der Kreatur spricht zu mir. Doch ich halte dem Blicke stand, ich wehre mich. Habe doch, alles in allem, nicht ich die Welt erschaffen, auch nicht die Sahara, auch nicht die Schwere der Last für Mensch und Tier. Ich erkläre mich als unzuständig, als die falsche Adresse. Da wendet das Tier langsam den Kopf, sein Blick gibt meine Augen frei, es zieht sich allmählich von mir zurück, so weit der Kamelstrick erlaubt. – Noch heute bin ich mit dieser Episode nicht ganz ins reine gekommen.

Die Leute haben weiter aufgeladen. Zwei Esel werden herangeführt. Große, runde Ballen, schwer wie das ganze Tier, werden denen hoch aufgepackt. Ein bißchen verzweifelt schauen die Esel, sie sind unter dem Riesenpacken kaum noch zu sehen. Wir haben schon die Hände geschüttelt, »Zaffar zaida«, gute Reise, gewünscht. Da geschieht ein Unfall. Ein Esel tritt fehl, kämpft einen Moment um sein Gleichgewicht, dann fällt er auf die Seite, und der schwere Ballen, an dem der Esel mit Stricken festgeschnürt ist, kehrt ihn kurzerhand um. Rücken nach unten, Beine in der Luft, liegt er auf dem Warenpaket und strampelt ganz lächerlich. Doch zum Lachen ist es wohl nicht. Zaid hat plötzlich ein Messer in der Hand, springt hinzu. Was will er dem Esel tun? Doch er durchschneidet nur die Stricke, die den Esel auf die Ballen schnüren. Vorsichtig hilft er dem verstörten Tier auf die Beine. Allah sei Dank, der Esel kann laufen. Es hätte auch schlimm enden können.

Erneut wird der Esel beladen. Nochmals Händeschütteln. »Llahiaunkum«, Gott möge euch helfen. Dann setzen die Kamele ihre langen Beine in Gang. Mit jenen langsamen, leise stampfenden Schritten, die man niemals vergißt, zieht die Karawane davon. Hart ist das Leben hier für die Tiere. Daß es auch für die Menschen hart ist, kann die Tiere nicht trösten.

Erschöpft von der Gewalt der Sonne und etwas bedrückt, kehre ich mit meinen drei Paketen Tee und den flatternden

Eine der heutigen Handelskarawanen der Wüste

Kopftüchern in den Schatten meiner Palmen zurück. Als ich mein Zelt öffne, trägt die Leine, die es verschloß, nicht mehr meinen speziellen Knoten. Plötzlich bin ich hellwach. Während ich entfernt bei Zaid aß, hat ein Fremder meine Zeltschnur geöffnet, ist ein Fremder in meinem Zelt gewesen!

Stück für Stück prüfe ich meine Dinge. Alles wurde durchsucht. Deshalb also, o Zaid, hast du mich zum Essen ans untere

Ende des Baches geholt. Höre, Zaid mit den Hasenzähnen, wenn wir uns auf dieser Erde, oder in Paradies wie Hölle, noch einmal begegnen, haben wir ein ernstes Wort miteinander zu reden.

Jedoch, in Ruhe bedacht, ist es ja kein Schaden. Ich habe nichts zu verbergen. Mir kann es nur lieb sein, daß die anderen dies nun wissen. Und dennoch mißfällt mir's. Wen interessiert, was ich habe? Wer sind »die anderen«, die einer kleinen Handelskarawane den Auftrag geben, auf ihrem Wege im Zelt des einsamen Ruomi bei Sidi Abd-er-Rachman Nachschau zu halten?

Während ich dies bedenke, fällt mir ein, daß ich beim Prüfen meiner Dinge ein Blatt Papier nicht sah: das Blatt mit den alten Karawanenrouten der Sahara. Aus mehreren Reisebeschreibungen war es zusammengetragen und ergänzt. Ich hatte es zu Vater Dachans Zelt mitgenommen. Vater Dachan hat einige arabische Namen für Brunnen und Wasserstellen hineingeschrieben. Der Plan ist kein Stück von Wert, ich kann ihn aus den Büchern leicht wieder herstellen. Für mich war er ein Stück zum Träumen, zum Pläneschmieden, auch zum Planen und Prüfen. Denn eine Reise quer durch die Sahara auf dem Kamelrücken entlang den alten Karawanenrouten ist einer meiner lange gehegten Wünsche. – Wurde dies Blatt Papier von dem, der mein Zelt durchsuchte, mitgenommen? Ich werde morgen noch einmal gründlich suchen. – Politische Wolken ballten sich um die Sahara, als ich Schech Baschir um seinen Rat fragte. Hängt es damit zusammen?

Die beiden jungen Hirten, mit denen ich die Kamelkühe molk, kommen wieder, diesmal »rakib fok schmel«, auf dem Kamelrükken reitend; ohne Sattel, einfach hinter dem Höcker. Mbarek lahmt. Einen Dorn trat er sich tief in den Fuß. Der Arzt in mir wittert ein Betätigungsfeld, doch der junge Mensch bittet mich einfach nur um »garro«, das ist: eine Zigarette. Ich wundere mich, denn Nomaden rauchen nicht. Doch warum soll er keine Zigarette haben, ein paar sind in meinem Gepäck. Er nimmt sie, zündet sie mit seinem Feuerstein-Feuerzeug an, setzt sich auf einen Stein, saugt an der Zigarette, bis sie hell glüht, und drückt dann die glühende Spitze auf die geschwollene Stelle der hornigen Haut. Kräuselwolken steigen auf, es riecht intensiv nach verbranntem Horn. Erneut bringt er die Zigarette zu heller Glut und drückt sie auf dieselbe Stelle. Es qualmt, stinkt und schmurgelt. Mir als Arzt ist nicht ganz wohl dabei, obwohl im Prinzip nicht falsch ist, was er macht. Doch muß es, Teufel auch, eigentlich entsetzlich schmerzen. Mbarek saugt wieder und drückt die helle Glut in das eingebrannte tiefe Loch, daß es schmurgelt und zischt. Und noch ein viertes Mal. Dann erklärt er zufrieden, jetzt sei alles gut. Nun sieht man ihm an, daß es schmerzt. Er bleibt still sitzen und läßt Baschir und mich allein die Kamele melken.

Danach ist er wieder ganz fit. Keine Brandblase, keine Entzündung, nur eben ein bohnengroßes, tiefes Loch in der Haut. Als ich ihn nach zwei Wochen wiedersehe, ist in der Hornhaut nur noch eine blanke Stelle vorhanden.

Ich habe noch einmal gründlich gesucht: Der Plan mit den Karawanenrouten und Wasserstellen ist tatsächlich fort. Er wird bei jener »Haussuchung« gefunden und als verdächtig mitgenommen worden sein. Spionenfurcht ist in Afrika schon immer verbreitet gewesen.

Die Wüste erwacht

Tagelang war es drückend warm. Gestern zogen von Westen dicke Wolken auf, als wolle es gewaltigen Regen geben. Ich traf Vorsichtsmaßnahmen gegen Wolkenbruch. Doch es war nur Theaterdonner; nachmittags hatten die Wolken sich aufgelöst.

In der Nacht waren die üblichen Windstöße ausgeblieben. Auch heute steht die Luft bleiern still. Es ist heiß wie im Ofen und dabei drückend schwül. Ich beginne vielerlei, doch bringe ich nichts zum Abschluß. Etwas Drohendes liegt in der Luft. Ich habe mir vorgenommen, alles genau zu notieren.

Ich fülle meine Kanister an der Quelle und bringe sie zum Zelt. Hinterher bin ich naß von Schweiß. Erschöpft ruhe ich auf meinem Schreibplatz im Schatten. Später kommen Windstöße aus Südosten. Sie bringen heiße Luft wie aus einem riesigen Ofen. Die Windstöße werden stärker. Die Sonne wird trübe, obwohl der Himmel wolkenlos ist. Von Südosten nähert sich auf dem Boden eine weißliche Linie. Von meinen Seefahrten kenne ich das, auf See bedeutet es Nebel. Doch was bedeutet es hier?

Mit einem Schlag wird aus dem Wind Sturm. Die Sonne verschwindet, die Luft wird undurchsichtig und gelb; sie ist voll Sand. Mein Schreibplatz liegt im Windschutz der Palmen. Hier trennen sich Luft und Sand, hier regnet es Sand; nach jeder halben Zeile muß ich den Sand von meinem Schreibpapier schütten. – Starker Sturm, Sandsturm! Was macht mein Zelt? Ich bin wieder bei meinem Schreibplatz. Mein Zelt in der Palmenfestung hat gebebt und geschüttert. Wie ein mit Gas gefüllter Ballon hat es an seinen Leinen gezerrt, als wolle es auf und davon. Im Zelt war alles mit feinem Sand bedeckt. Gut, daß ich die empfindlichen Dinge in doppelter Plastikhülle bewahre. – Die Luft ist voll Sand; auch mein Mund, die Nase, die Augen. Ich

Aus dem Wind wird rasch Sturm.

wickle mir das lange, locker gewebte Sahara-Kopftuch lose um Kopf und Gesicht und atme durch das Tuch. Das filtert die Luft. Doch die Hitze macht es fast unmöglich, es so auszuhalten.

Der Sturm lärmt wie Meeresbrandung. Dazu tritt ein fremdes Geräusch, wie schrilles Singen. Das müssen wohl Kiesel sein, die der Sturm über den Boden treibt. Sandschwaden verdecken die Sonne, verdunkeln das Licht, wie Dämmerung ist es. Der Sturm stemmt sich gegen die Palmen und biegt die Stämme. Er zerrt die langen Blätter waagrecht nach einer Seite. Böen reißen die großen, trockenen Palmblätter ab. Wie schattenhafte Vögel fliegen sie schweigend davon.

Ich habe versucht, aus dem Windschutz meiner Palmen herauszugehen, doch schleunigst kehrte ich um. Hart treibt der Sturm Kiesel und Sand gegen die Haut; der Schmerz ist unerträglich. Auch kommt man gegen den Sturm nicht voran, so stark preßt er gegen den Körper. Und könnte man laufen, so verirrte man sich, denn die Luft ist wie Nebel.

An Reisende denke ich, die solch Sturm in der freien Wüste trifft. Vielleicht finden sie eine Erdfalte oder Klippe. Dann lassen sie die Kamele, Hinterteil gegen den Wind, sich niederlegen, und fesseln sie gut, denn sie neigen zur Panik. Die Menschen warten, Tücher um das Gesicht, im spärlichen Windschutz der Tiere. Doch der heiße, dörrende Sturm entzieht dem Körper viel Wasser; so muß man trinken. Führt man das Wasser in Ziegenschläuchen oder Rindshäuten mit, machen trockene Luft oder fliegende Kiesel leicht Risse. Dann verliert man das Wasser und damit oft das Leben.

Jetzt stürmt es seit sechs Stunden. Ich finde, nun ist's genug. Es ist quälend heiß, und ich kann nichts tun. Nicht lesen, kaum schreiben. Ich ziehe mir die Decke über den Kopf und versuche zu schlafen. Doch unter der Decke staut sich die Wärme, so werfe ich sie von mir. Trotz Kopftuch sind Mund und Nase voll Sand. Bis jetzt habe ich nichts getrunken. Wollte erfahren, wie es ist: Sandsturm und kein Wasser; nun weiß ich's. Der Durst ist übermächtig. Gottlob habe ich Wasser genug. Meine Kochnische ist mit Sand zugeweht. Ein Versuch, Tee zu kochen, scheitert vollkommen. So grabe ich eine Packung Kekse aus dem Sand und trinke aus dem Kanister. Das Wasser ist lauwarm, doch köstlich. Über mir treibt in dichten Schwaden der Sand. Ein blasser Fleck darin ist die Sonne.

Zwei Stunden später: im Zelt habe ich im Halbschlaf gelegen, fühle mich müde und krank; vielleicht habe ich Fieber. Der Sturm ist noch stärker geworden. Ich habe Angst, daß eine der Palmen bricht. Stürzt sie auf das Zelt, so bleibt dieses Tagebuch unvollendet.

Kurz vor Abend: der Sturm kommt nun aus Südwest, ist

vielleicht etwas schwächer. Ich habe einen Rundgang versucht. Treibender Sand und kleine Steine stachen in die Beine, der Sand fuhr in die Augen. Gegen den Wind habe ich nicht laufen können; so habe ich schräg zum Sturme gekreuzt, wie ein Segelschiff.

Alles in meiner kleinen Oase liegt voll schwarzbrauner Leichen. So sehen im Sandnebel die langen braunen Palmblätter aus, die der Sturm abriß und halb mit Sand bedeckte. Der Sand hat das Bachbett verschüttet. Trockenen Fußes kann ich den sumpfigen Bach überschreiten, wie einst die Kinder Israel das Rote Meer. Das Laufen im Sandsturm ist eine Qual, doch ich gebe nicht auf, komme bis ans Ende des Baches. Da liegt ja Salz auf dem Boden. Das weht mir als weißliche Wolke in Nase und Augen und beißt unerträglich. In halber Panik bin ich in den Schutz meiner Palmen geflüchtet. Nun liege ich wieder im Zelt. Drei Zentimeter hoch steht der Sand. Wenn nur die Palmen aushalten!

Ich habe tatsächlich geschlafen. Es ist tief in der Nacht. Der Sturm kommt nun aus West. Er ist sehr böig geworden. Die Sturmböe rennt aus der Ferne heran; wie Meeresbrandung bricht sie über der kleinen Oase zusammen. Mein Zelt hebt sich wie ein riesiger Vogel, der seine Schwingen entfaltet. Eine Minute lang donnert die Böe, dann entfernt sie sich, und nur der normale Sturm bleibt zurück. Gern wüßte ich, wie spät es ist. Aber die Uhr ist zweifach verpackt.

Ich versuche wieder zu schlafen, doch es will nicht gelingen. Draußen ist Weltuntergang! Oft fällt mit schurrendem Geräusch eine der großen Palmenblätter auf mein Zelt. Jedesmal erschrecke ich tödlich, denke, es bräche ein Palmstamm. – So kann es nicht weitergehen, das ist Orkan! Immer gewaltiger die Böen, die sich dem Sturm überlagern. Brandungsdonner und gellendes Pfeifen. Die Palmstämme stöhnen, immer häufiger bricht etwas von oben auf mein Zelt. Ich gehe hinaus. Kaum ist die

Zelttür geöffnet, fährt der Sturm in das Zelt, bläht es, hebt es, kaum kann ich es schließen. Draußen schießt vor den Palmen ein rasender Strom weißer Milch vorbei. Das ist der Sand. Man kann nichts tun. Ich grabe den Wasserkanister aus, bringe ihn ins Zelt und trinke. Ich bin todmüde, krieche unter die Decke. Alles ist voll Sand, alles ist gleichgültig geworden.

Morgens weckt mich die Sonne. Kein Lufthauch; es ist vollkommen still. Es ist kühl, fast kalt. Ich spüle Mund und Nase frei, schütte den Sand aus den Ohren, dann mache ich mich ans Aufräumen. Berge von Sand trage ich aus meiner Zeltburg. Es folgt ein umfassender Hausputz. Danach säubere ich meine Quelle. Der Sand füllte das Felsbassin, schmutzig quillt das Wasser empor. Tief fahre ich mit der Hand in den Felsschlund, reinige die Quelle mit Sorgfalt. Ich komme mir vor wie der »kleine Prinz«, der auf seinem Planeten die kniehohen Vulkane putzt.

Zwischendurch mache ich einen großen Rundgang. Alles liegt voll abgerissener Palmblattleichen. Zwei große Palmen einer Nachbargruppe stürzte der Sturm. Meterhohe Sandzungen schoben sich in Schilf und Busch des Bachbettes und sperren dem Wasser den Weg. – Meine kleine Welt ist ein Stück kleiner geworden. – Ein arbeitsreicher Tag! Kein einziger Besucher kommt. Als hätte der Sandsturm alle und alles getötet.

Es folgen ruhige Tage. Jeder Abend bringt andere Farben. Da stehen einige Schäfchenwolken weiß vor blauem Himmel im Süden. Nun werden sie gelb. Danach wird der Himmel gelbgrün und die Wolken von sattem Blau. Das kommt so unerwartet, daß ich über die blauen Wolken lachen muß. Die schwarzen Nadeln der Palmblätter stechen schwarz in den gelbgrünen Himmel.

Nun setzt Dämmerung ein. Die Wolken werden oben schwarz, unten rot, der Horizont leuchtet gelbbraun. Auf der Erde verlöschen die Farben, die Luft wird kühl, es beginnt die Stunde der Mücken. Als habe jemand am Schalter gedreht, quarren plötzlich sämtliche Frösche, und das Sumpfhuhn gluckst. Doch noch ist das Farbenspiel nicht beendet. Im Westen wird der Himmel leuchtend grün, ein Aufbegehren des endenden Tages. Unter dem Grün bildet sich eine gelbe Linie. Sie wird breit und wandelt sich zu loderndem Rot. Die Wüste brennt! Das glutrote Lodern ist ein ganz unerhörtes Bild. Die Schäfchenwolken sind schwarz geworden und stehen so unbeteiligt still, als hätte jemand vergessen, sie für die Nacht wegzupacken.

Als weiß leuchtender Halbkreis, Öffnung nach oben, steht dicht über dem Horizont der junge Mond. Das ist die »Barke des Mondes« der orientalischen Dichtung; nur dicht beim Äquator stimmt dieses Gleichnis. Das rote Feuer im Westen verlischt, das Schauspiel der Farben endet. Der Abendstern leuchtet heller, Millionen anderer Sterne schalten sich ein. Die »Barke des Mondes« versinkt... und nun ist Nacht.

Ich habe das weiße Kamelskelett in der Nähe besucht und, halb Hamlet*, halb Ahab**, mit ihm närrisches Zwiegespräch gehalten. Dann habe ich vom Berg des zerstörten Dorfes ins Land sinniert.

Der Rundblick von dort ist erlesen. So habe ich mir in der Nachmittagssonne darauf ein Luftschloß erbaut. Auf dem Berge habe ich ein kleines Haus aus Lehm gestampft, habe in seine Wände an drei Seiten ganz unvernünftige, europäisch-große Fenster eingebaut. Danach habe ich mich in mein einsames Haus in der Sahara gesetzt und dort ungestört all die Bücher geschrie-

* Dänischer Prinz, Hauptfigur eines Dramas von Shakespeare

** König von Israel, 875–854 v. Chr. Außerdem Schlüsselfigur in dem guten, lesenswerten Roman »Moby Dick« von Melville.

ben, die ich schon längst hatte schreiben wollen. Wünschten nach einem Blatt oder zweien Augen oder Gehirn auszuruhen, dann habe ich aus einem der drei großen Fenster bis ins Unendliche weit über die Wüste geblickt.

Doch es blieb ein Luftschloß; der Platz ist ohne Schatten, hat kein gutes Wasser, steckt voller Schlangen, voller Gräber und voller Djinnun. Kurz, er ist ungesund in jeglicher Hinsicht.

Zurückgekehrt finde ich bei meinem Zelt zwei junge Burschen; nicht Männer der Sahara, sondern Touristenführer, junge Leute aus Orten am Wüstenrand, wo die Autostraßen enden. Sie sind clever und auf Geld aus, doch selten wirklich schlecht. Bei der Quelle stehen zwei Esel und auf einer dünnen Teppichdecke liegt ein junger Europäer, ein Landsmann sogar. Er ist nicht krank, nur erschöpft. Auf Palmblattfeuer kochen die Burschen Tee. Nach dem Tee wird auch der junge Europäer wieder lebendig: Bürokaufmann in einer großen Stadt, träumte er von der Wüste; es zog ihn hin. Er sparte Geld, fuhr quer durch Europa und dann in Afrika mit dem Autobus bis zum letzten Dorf, wo die Straße endet. Hätte er zur bücherlesenden Gattung der Menschen gehört, so hätte er manches noch geschickter anfangen können, doch er gehörte eher zur träumenden Gattung.

Die jungen Touristenführer Mohammed und Ibrahim bemächtigten sich seiner gegen harte Konkurrenz ihrer Kollegen. Sie erkundeten seine Pläne und finanziellen Möglichkeiten und fanden letztere sehr zufriedenstellend. Sie wandten viel Zeit auf, ihm die ungemeinen Schwierigkeiten einer Wüstenreise zu schildern und ihre ganz besondere Eignung als erfahrene Führer. Am Ende wurden sie einig: für neunhundertfünfzig Deutsche Mark würden sie ihn (alles inbegriffen) zwölf Tage lang durch die Sahara führen.

Die beiden jungen Touristenführer lebten am Rande der Wüste, doch nicht in ihr. Sie kannten die Basare des Ortes und den Nachmittagsausflug der Touristen. Von der Wüste selbst wußten sie rein gar nichts. Doch sie vertrauten auf Gott, den Allmächtigen, Allerbarmenden. – Von den neunhundertfünfzig Mark gaben sie zuerst, wie es sich für Söhne gehört, siebenhundert an ihre alten Eltern. Die hatten sie bitter nötig. – Einen Esel konnten sie leihen, einen zweiten mußten sie für 120 Mark leider kaufen, auf einen dritten verzichteten sie. Aus ihren Häusern nahmen sie die verfügbaren Decken und zwei leere Speiseölflaschen für je fünf Liter Wasser. Dann kauften sie Mehl, Datteln, Linsen, Hefe und Salz, Kartoffeln und Gemüse sowie etwas von dem getrockneten Fleisch der Wüstenleute. An die Lebensmittel wandten sie 80 Mark. Für drei Mann und zwölf Tage ist das verzweifelt wenig. Für sich selbst brauchten sie neue Sandalen. Ein kleiner Rest des Geldes blieb für sie übrig.

An die Esel hängten sie Kochtopf, Teekanne, Lebensmittel und die Wasserflaschen; dann zogen sie los, zwei reitend, einer zu Fuß. Da es für den Ungeübten höchst qualvoll ist, lange auf einem Esel zu reiten, war das Fehlen des dritten Esels kein Mangel. Die Reiseroute führte von Wasserstelle zu Wasserstelle. Die erfragten sie bei den Nomaden. Es ging zwar im Zickzack, doch das war nicht anders zu machen, denn Esel müssen zweimal täglich trinken.

Ihre Mahlzeiten hielten sie nach Sahara-Art unter freiem Himmel oder bei Nomadenzelten. Sie buken ihre Brote im Sande. Bis lang in die Nacht saßen sie beim Lagerfeuer oder bei den Zelten der Nomaden. Die erzählten ihnen vom Leben der Wüste, und Mohammed und Ibrahim übersetzten das, richtig oder falsch, in die hundert Worte der deutschen Sprache, die sie kannten. Nachts schliefen sie unter ihren wenigen Decken im Sande unter Millionen von Sternen, hörten die Schakale und die Hyäne und froren morgens erbärmlich. Tags trafen sie Kamele und Schlangen. Sie genossen die Gastfreundschaft der Nomaden und hungerten wohl auch zeitweilig etwas. So erlebte der junge Kaufmann die Wüste in ganz echter Weise: ihre riesige Weite, ihre große Freiheit, ihre harten Plagen. Am sechsten Tage erreichten sie meine verlassene Oase, den Umkehrpunkt. Der junge Kaufmann war zwar erschöpft, doch vollkommen glücklich. Von allen Europäern, die ich in der Sahara sah, hat er die Wüste am intensivsten erlebt!

Leichtsinnig war's, mit nur zehn Litern Wasser zu reisen, und dazu mit Leuten, die die Wüste nicht wirklich kannten. Doch auch so war es gut: Mohammeds und Ibrahims Eltern konnten für sich und die kleinen Brüder Essen kaufen, Ibrahim war Eigner eines Esels geworden, und der junge Kaufmann wird von diesem großen Erlebnis sein ganzes Leben lang zehren. Es war nicht zu teuer bezahlt! Auch Gott fand es richtig und sandte während der nächsten Tage nur perfekt gutes Wetter.

Etwa eine Stunde von meiner Quelle steigt ein Felsmassiv auf, größer und höher als die Berge der Nähe. Das erwandere ich heute.

Es erweist sich als ein komplettes kleines Gebirge mit Hochebenen, Tälern und steil abfallenden Rändern aus braunem, sehr festen Gestein. Vor einigen hundert Millionen Jahren hat es sich auf dem Boden warmer Urmeere abgesetzt, so steckt es ganz voll versteinerter Muscheln, Meeresschnecken und Pflanzen. Später sank es in die Höllenhitze tiefer Erdschichten hinab. Die buk es hart und braun. Erdfaltung drückte es danach hoch. Perioden starken Regens spülten die weichere Umgebung fort. So entstand es. Hundert Millionen Jahre presse ich kurzerhand in acht Druckzeilen ein. – Vor fünf- oder zehntausend Jahren kam eine kleine Gruppe von Menschen dahergewandert. Die fanden das kleine Gebirge sehr praktisch, bewohnten es und jagten von dort. Damals war die Sahara noch regenreich. Erst vor drei oder vier

Jahrtausenden hörten die Regen auf, die Wasser verliefen sich, und die Wüste entstand. Die Menschen zogen fort oder starben.

Ich laufe auf dem Rande dieses kleinen Gebirges; nach einer Viertelstunde finde ich, was ich suche: Steinzeichnungen. Auf einer Strecke von dreißig Metern sind siebzehn Bilder. Meist zeigen sie ein Tier, halb Hirsch, halb Rind, dreimal ein Rhinozeros, zwei Giraffen und ein Bandmuster mit seltsam verschlungenen Linien. Halbmetergroß sind die Figuren. Punkt für Punkt sind die Linien mit einem noch härteren Stein in den harten, glatten Felsen geschlagen. Die Steinzeichnungen der Sahara sind primitiv, die Kunstfertigkeit spanischer oder französischer Höhlenzeichnungen fehlt. Sie zeigen, daß es früher hier wasserreich war. Das Rhinozeros ist ein Wassertier, die Giraffe braucht Laubwald. Meine Gemäldegalerie ist übrigens kärglich. Der Lybische Wagen fehlt, auch die Sonnenscheibe und Abbildungen von Menschen.

Noch zwei weitere Stellen mit Felszeichnungen finde ich. Doch die alten Bewohner hinterließen noch mehr: an die fünfzig große steinerne Grabhügel, kleine Pyramiden, ansehnliche Bauwerke. Zehn Meter Durchmesser haben die kleinsten, zwanzig die größten. Aus Stein sind sie hochgeschichtet. Wo Vorgeschichtsforscher sie öffneten, fanden sie einen Gang und innen Kammern. Die große Steinplatte des Daches ist oft mehrere Tonnen schwer. Die ganze Sahara ist voll davon. So haben die Menschen sich vor vier oder sieben Jahrtausenden um das Leben nach dem Tode nicht nur Gedanken gemacht, sondern auch ganz beträchtliche Arbeit.

Vorsichtig, denn in jedem Steinspalt kann die Schlange wohnen, stöbere ich zwischen den Pyramiden herum. An vier Stellen finde ich breite, flache Haufen von weißem Flintstein. Da hatte ein »Waffenschmied« der Steinzeit seine Werkstatt. Tausende von Lanzenspitzen, Pfeilspitzen, Handdolchen, Pfeilen und Messern aus weißem Flintstein liegen da. Natürlich ist kein ganz tadelloses Stück dabei, hier liegt nur der Ausschuß, die fehlerlosen Waffen gab er ja fort. Unberührt seit Jahrtausenden liegt hier zuhauf, worum manches Museum in Europa neidisch wäre. Manches sammle ich in die Taschen meiner Foggia.

Doch die Dämmerung fällt, die Nacht wird mondlos. Bei halber Dunkelheit wandere ich heimwärts. Da, bei halber Nacht, treffe ich zum erstenmal die Hyäne! Plump trabt sie vor mir dahin, wie ein großer, sehr breiter Hund, doch mit niedrigem Hinterteil. Ich bleibe still stehen. Zweihundert Meter vor mir müßte ihr Trott sie vorbeiführen. Doch plötzlich verhält sie – läuft wieder etwas – verhält erneut... und ändert ihren Kurs stracks von mir weg. Ich stehe bewegungslos, der Wind geht auf mich zu; dennoch hat mich etwas verraten.

Tagsüber schläft die Hyäne. Nachts durchstreift sie die Wüste. Stets sehe ich morgens ihre Fußspuren bei dem Abfallplatz, den ich sehr weit von meinem Zelt angelegt habe. Stets ist er sauber geleert – die Müllabfuhr der Wüste. Nur die leeren Plastikflaschen für Öl und die Dosen der Trockenmilch läßt sie als unverdaulich zurück. Licht scheut sie, Feuer geht sie weit aus dem Weg. Den gesunden Menschen greift sie nicht an. Doch als einmal in einem Wüstendorf Menschen arglos den Berg von Gestrüpp und Sand einebneten, in dem sie wohnte, hat sie einen von ihnen totgebissen.

Da treffe ich zum ersten Mal die Hyäne.

Shama rastet bei mir auf dem Wege zum Zelt. Er berichtet: Im Oasendorf haben sich die Häupter der Stämme und Unterstämme versammelt, haben Rat gehalten und dann gemeinsam gebetet. In diesem Jahr fiel kein Regen. Ich weiß, daß die Nomaden Sorgen haben.

Jahrzehntelang haben die Kolonialmächte Stammeskämpfe verhindert. Die Stammeskämpfe haben bewirkt, daß die Bevölkerungszahl in der Sahara niedrig blieb, niedrig genug, daß die Brunnen der Wüste genügten, auch Trockenperioden zu überstehen. Nun ist die Wüste übervölkert. Überdruck ist im Kessel der Sahara. Wann wird der Kessel bersten?

Am meisten Sorgen macht den Nomaden jener kriegerische Nachbarstamm im Westen nahe der Atlantikküste. Im Jahr 1909 hatten sie mit einer Koalition mehrerer Stämme dieses wehrhafte Wüstenvolk im Laufe einiger Jahre fast ausgerottet. Inzwischen hat es unter dem Schutz der Kolonialmacht seine alte Kopfzahl fast wieder erreicht. Durch stilles Einsickern hat es Teile seiner alten Weideräume und Brunnenzonen wiedergewonnen. Bei diesem Stamm hat die Trockenheit wirkliche Not gebracht. Er hat im Grunde nur die Wahl, unterzugehen oder zu kämpfen.

Die zweite Sorge der Kamelnomaden ist, daß eine einheimische Regierung die Berber ermutigt, aus ihren Gebirgen in immer größerer Zahl unmerklich in die Weidegebiete der Kamelnomaden einzudringen. Was die Nomaden am meisten erbittert, ist, daß diese Regierung große Landflächen in den Randgebieten der Sahara zu Privatland erklärt und an Berber verkauft hat. Das hat das Weideland noch knapper gemacht und den Haß der Kamelnomaden gegen alles, was berberisch ist, weiter ansteigen lassen. Ich höre es aus den Gesprächen, bisher war nur Spott und Verachtung über den Schlöh Ali zu hören, der ohne Zelt mit dürftigem Kleinvieh an den Brunnen mit bitterem Wasser bei den Sanddünen lebt. In den Spott mischt sich nun Zorn.

Die Nomaden wissen nur, daß bei dem Nachbarstamm, den sie fürchten, Hunger herrscht – und daß Not kein Gebot kennt. Und sie haben den Wunsch, das Berbergesindel, das von den Bergen herabstieg, wieder dorthin zurückzutreiben. – Die Führer der Stämme haben beschlossen, die waffenfähigen Männer des Stammes zusammenzuhalten.

Ich schenke Shama Tee ein und wünsche ihm, daß Gott die Gebete erhört. Bald reitet er weiter.

Drei Geräusche kennt meine Oase: die Stimme der Frösche, die der wenigen Vögel und die Stimme des Windes. Wie viele Instrumente spielt der Wind! Wollte ich sie beschreiben, wann würde ich enden?

Doch von den Sandhosen muß ich berichten: Seit die Luft warm oder heiß ist, werden sie häufig. Oft sehe ich gleichzeitig zehn oder zwanzig. Aus der Ferne sind es hohe und dicke Säulen, meist etwas krumm oder schief. Majestätisch wandern sie langsam dahin, die »Feuersäulen« der Kinder Israel in der Wüste. In Wahrheit sind es einfach ganz kleine tropische Wirbelstürme; dreißig oder hundert Meter Durchmesser hat diese Säule aus sehr rasch rotierender Luft.

Meist ziehen die Sandhosen entfernt vorbei. Doch manchmal streift eine meine kleine Oase. Unversehens saust es dann in den Palmen. Es bläst und stäubt gewaltig, fünf Sekunden von rechts, fünf von links, dann ist es vorbei. Doch mein Tee ist voll Sand und meine Bücher sind auf und davon.

Manchmal zerstören die Palmen den Wirbel. Fliehkraft und Sog enden, die Sandhose ist tot, ihr Inhalt regnet vom Himmel: Sand, Kiesel, trockene Sträucher, trockene Palmenblätter, Kameldreck und dürre Kakteen, einmal sogar eine tote Schlange. Das gibt dann stets tüchtigen Ärger.

Auch Wasserspiegelungen werden nun häufig, sind jetzt fast

die Regel. Du läufst über eine steinige Ebene. Zweitausend Meter vor dir liegt steinige Wüste. Doch dahinter beginnt ein breiter, lachender See, wirkliches Wasser mit Wellen und Schaumköpfen darauf. Am fernen anderen Ufer erkennst du Palmen und Büsche. Vollkommen täuschend ist der Effekt. Du läufst hin, willst trinken und baden. Doch das Wasser weicht vor dir zurück. Du drehst dich um, auch hinter dir ist nun Wasser, doch auch dies weicht zurück, wenn du hinläufst. – Ein Trugbild grausigster Art, wenn du am verdursten bist.

So nähert sich allmählich der Sommer.

Afrika

Ich lese im Zelt. Auf dem weißen Berberteppich, der, vierfach gefaltet, mein Bett ist, liege ich und lese, lese bis spät in die Nacht. Von draußen drang noch eine Zeitlang das leise, unverständliche Sprechen der durchreisenden Arib herein, mit denen ich Brot buk und aß. Manchmal auch der Laut eines Frosches oder einer Hyäne. Doch heute ist meine Seele auf Urlaub. Sie weilt in Weimar am Frauenplan in dem geräumigen Haus Goethes.

Stets erneut empfinde ich es wie ein Wunder, daß wenige Kilo Papier uns die größten Geister der Welt an jedem Ort zu jeder Zeit verfügbar machen. Ist das nicht wahrlich wie Zauber? Wann fände ich im wirklichen Leben Zutritt zu Menschen dieses Formates, selbst wenn sie noch lebten? Und wäre ich ihr Bekannter, wie fänden sie Zeit, gerade mich in stundenlangen Gesprächen durch ihre Gedankenwelt zu führen? Langeweile? Einsamkeit? Seit ich mir die Welt der Bücher aufschloß, sind mir dies fremde Vokabeln. Will ich Besuch, so greife ich in den Bücherkasten und habe ihn.

Wie viel dichter spiegelt sich doch die Welt im Brennglas der Werke der großen Meister. Nicht Erdichten, Verdichten ist ja deren Arbeit. Welche Schätze liegen da; nur »auflesen« muß man sie. – Heute habe ich Thomas Mann in meinem Zelt, lese »Lotte in Weimar«. Zwei der ganz großen Geister, Goethe und Thomas Mann, spiegeln sich da ineinander. Vollkommenheit der Sprache und Klarheit der Gedanken. Es scheint ja wahrhaftig nur auf Europas Boden und vorher in der islamischen Welt dies Wunder der großen Literatur herangewachsen zu sein. Herangewachsen, zur Reife erblüht – und vergessen. Die urteilslose Menge hascht nach dem Neuen. Das viele Vollendete, in Jahrtausenden geschaffen, kennt nur noch ein kleiner, kundiger Kreis.

Bis spät in die Nacht lese ich. Die Stimmen der Arib verstummen, auch die Frösche schweigen. Nur der Schakal läßt sich hören. Meine Seele ist in meinem Heimatland, wo die großen Männer so andere Gedanken denken. Gedanken weitausholender, zielstrebiger Art; klar gegliedert, logisch, komplex und reich an Facetten. Hier in Afrika ist alles ganz anders: archaisch einfach ist's zu Beginn und gut für den Frieden der Seele. Doch bleibt man länger im Lande, wird es immer verschlungener, undurchschaubarer; manchmal wird es beängstigend wie Urwald ohne Pfad. Ohne diese Ausflüge in meine geistige Heimat wäre ich hier auf Dauer nicht glücklich.

Mitternacht ist vorbei, nun bin ich geistesmüde, ich lege das Buch zur Seite und lösche die Kerze. War das Tuch meines Zeltes bislang eine helle, geschlossene Wand, so öffnet sie sich nun gleichsam. Palmblätter zeichnen sich schwarz auf fahlweißer Leinwand. Afrika ist wieder zur Stelle.

Der Sommer naht; jeder Tag ist etwas heißer, jede Nacht etwas weniger kühl. Sank die Sonne, so strahlen Steine und Sand noch stundenlang Hitze aus; erst dann weicht die starke Wärme. Angenehm frisch ist jetzt nur noch die Zeit vor Sonnenaufgang. Doch mit der Sonne ist auch die Hitze gleich wieder da.

An windarmen Tagen liege ich in den heißen Stunden oft lesend oder schreibend unter der »Gelehrtenpalme«; so nenne ich die einzeln stehende Palme mit breiter Krone dicht beim Grab des heiligen Mannes. Von früh bis spätnachmittag gibt sie Schatten. Der Wind streift frei unter ihr durch, so bleibt es halbwegs kühl. Doch bei kräftigem Wind taugt der Platz nicht; da stäubt feiner Sand in all meine Bücher und Hefte, und der Wind weht sie auf und davon.

Dann wechsele ich in mein »Palmenzimmer«. Das ist ein freier Raum unter einem mehrfachen Dach von Palmenblättern hinter dem Zelt. Da herrschen Dämmerlicht und leidliche Kühle. Aus Steinen baute ich darin Sitz und Tisch und machte nach zwei Seiten Löcher wie kleine Fenster. Doch an Tagen ohne Wind staut sich im Palmenzimmer die Wärme.

Im Zelt ist es jetzt auch abends zu warm. Dann lese ich mit Petroleumlicht im Freien. Oder ich laufe, wenn die Sonne sank, mit meinem starken Hirtenstock weit in die Einsamkeit und kehre erst spät nachts zurück. Ich kenne ja jetzt jeden Berg, jede Schlucht. Doch nur bei Mondlicht mache ich diese nächtlichen Märsche. Die Wüste liegt dann kalkweiß im Silberlicht. Jeder Stein wirft scharfe Schatten – eine phantastische Landschaft. Häufig treffe ich Schlangen. Wie schwarze Stöcke liegen sie still auf dem Boden. Ob sie wohl schlafen?

Arbeiten, bei denen der Kopf mittun muß, sind bei Tage fast unmöglich geworden. Auch das Schreiben hat keine rechte Ordnung mehr. Ein Gedanke wird begonnen, doch er hat keine Anschlußgedanken zur Folge, er endet gleichsam im luftleeren Raum. Ich sage mir: »Jetzt will ich aufstehen und essen!« Nach zehn Minuten bemerke ich, daß ich sitzen blieb. Nicht einmal träumend, sondern in gedanklichem Stillstand. – Ist dies das Nirwana der Inder? Es ist keine unglückliche Lebensform, beileibe nicht; jedenfalls, wenn man über die abgelaufene Zeit von sich keine Rechenschaft fordert. Ich fordere von mir diese Rechenschaft; so bin ich nicht mehr zufrieden.

In der Hitze lerne ich den Vorzug der Wüstenkleidung! Der Wind läßt meine weite Foggia wehen; sie ist halb wie ein Frauenkleid, halb wie ein langes Nachthemd; Luft tritt herein, Schweiß kommt nicht auf. Dazu die Sandalen. Welch Unding, jetzt mit Schuhen und Strümpfen zu leben. Doch an das fünf Meter lange Kopftuch der Sahara, um Kopf und Hals gewunden, habe ich mich noch nicht gewöhnt. Es ist so praktisch bei Wind und wehendem Sand, doch der Kopf wird mir zu warm.

An den Palmenbäumen ist ein Wunder geschehen: glänzende Blattwickel waren wie Männerarme stramm vorgesproßt. Wie auf geheimes Zeichen barst nun die Hülle. Riesige Blütenstauden brachen hervor, fast mannslange Wedel, gelb oder weißlich – die Palmen blühen! Die männlichen Palmbäume tragen in erbsgroßen, weißlichen Kapseln den Samen. Mit einem Korbe voll männlicher Blüten steigen in den Oasen die Männer an den Stämmen empor und stecken sie zur Befruchtung in die weiblichen Blüten. Hier besorgt die Befruchtung der Wind. In den Palmgruppen ohne männliche Bäume sind die Datteln ganz klein und kernlos.

Vier Sumpfhühner treten heute ins Freie. So können also die Kleinen nun laufen. Doch fürchte ich, daß sie schlechten Zeiten entgegengehen. Immer häufiger brechen Reisende für ihr Feuer Äste von dem gestürzten Baum, der ihr Schilfdickicht schützt. Eine harte und hungrige Welt schiebt sich dichter an ihren Wohnplatz heran.

Sonnenglut und heiße Luft lassen aus meinem kleinen Bach das Wasser rascher verdunsten; er ist kürzer geworden. Wo vor zwei Monaten zwischen hartem Gras noch lustig Wasser rann, liegt nun weißes Salz, Minerale des verdunsteten Wassers. Auch der Pflanzenwuchs wurde rarer. Immer häufiger brechen Tiere ein, um von dem Buschwerk zu fressen. Doch nie gestatten die Hirten den Tieren, nahe der Quelle zu rupfen. Dennoch schrumpft meine Oase von Tag zu Tag.

Plötzlich, wie aus der Luft gefallen, steht vor meinem Leseplatz bei der »Gelehrtenpalme« ein älterer Mann; klein, hager, gleichsam eingeschrumpft, in weißer Jellaba mit weißem Turbantuch. Ein grauer spitz zulaufender Bart umrahmt das kleine Gesicht; das ist ganz Runzeln. Eine kleine Ledertasche mit Lederstickerei trägt er an einem Ledergurt über der Schulter, an einer Wollkordel hängt ein Krummdolch. So ist er also nach allem ein Berber, ein Schlöh.

Auf mein »Es-Salam elik« und seine Erwiderung folgt das rituelle Fragen, wie es mir ginge. Der Mund spricht Formelhaftes, das Gehirn gewinnt dadurch Zeit und ringt um Klarheit. »Nta la bas?« fragt der Mund, und seine von Runzeln fast verschlossenen Augen wandern an mir hinunter und wieder hinauf. »La bas.« – »Nta la bas?« – »Kulschi la bas!« – »La bas?« – »Kulschi la bas!« Er weiß nicht, wie er mich einordnen soll; in seiner Welt kam derlei nicht vor. – Sein Blick beginnt noch mal bei den Nomadensandalen, wandert über die lose fallenden Fellachen-Hosen mit ihren Ziernähten, die leichte Wüstenfoggia, streift mein Gesicht und endet bei dem aus weißem Garn gestrickten Käppi des Städters. Meine Kleidung paßt nicht recht zusammen, doch mir ist's so bequem. Als Mann aus Fes würde er mich vielleicht ansehen, wären da nicht die blauen Augen, jene unbegreifbar blauen Augen, die den Menschen Furcht einflößen. Vielleicht sind es die Lachfalten um die Augen und Mund, die ihn beruhigen – da endet das Fragen.

»Setz dich, daß wir Tee trinken!« sage ich. Das ist recht. Er hockt sich im Schatten der Palme auf seine Fersen und rückt ein paar Steine zurecht für ein kleines Feuer. Ich hole das Teegeschirr. Er sammelt etwas Holz und zündet es an. Als es nicht mehr raucht, setzt er die Teekanne mit Wasser darauf.

Nun kommt zwischen den Palmen sein Sohn hervor. Den hatte er aus Vorsicht verborgen. Er heißt Mohammed, mag 12 Jahre alt sein, sein Kopf ist kahlgeschoren, hinten baumelt ein Zopf. Er hockt sich zum Feuer und staunt mich unverwandt an. Stillschweigend hat mein Gast die Zubereitung des Tees übernommen. Er besorgt das mit dem gepflegten Zeremoniell, in das jeder hier seine Ehre setzt. Er ist ein ganz einfacher Mann; doch diese Sitten veredeln seltsam auch den einfachsten Menschen.

Dreimal schenke ich Tee ein, wir knabbern Datteln und Kekse, dann erst höre ich mehr. Der alte Berber kehrt vom Souk, dem Markt, zu seinen Tieren zurück. Die stehen in den Bergen einen Tag nordwestlich von hier. Er hält, wie die Schlöh meist, Ziegen und Schafe. Wieviel? Zwölf Stück; doch er ergänzt gleich, daß er vorher sechzig Tiere hatte. Von zwölf Ziegen kann man nicht leben. Ob er Land bebauen kann, frage ich. Nein, in den Bergen gibt es nur Steine. Wie die Weide sei? Ganz schlecht; lange schon gäbe es für die Tiere fast nichts mehr zu rupfen.

Den Tierbestand zu verlieren, ist für den Wüstenbewohner das schlimmste. Zwölf Ziegen nur noch, und der Sommer beginnt ja erst. Drei Möglichkeiten hat der Mann: abzuwarten und durch Hunger oder Krankheit zu sterben, sich und seinen Sohn als Hüter zu verkaufen, oder zu versuchen, irgendwohin zu wechseln, wo Regen fiel, und zu versuchen, unter vielen Entbehrungen seine Herde vielleicht wieder aufzubauen.

Er war offenbar tatsächlich früher wohlhabend; denn zum Reiseinventar gehört außer dem Sohn ein Kamel. In der Schlucht nahebei ist es versteckt. Alle paar Minuten rennt Sohn Mohammed mit fliegendem Zopf, nach Kamel und Lebensmitteln zu sehen. Ein Schlöh außerhalb der Schluchten seines Gebirges hat viele Sorgen. – Mit den paar Tropfen Wasser, die im Teekessel blieben, wäscht er Teekanne und Gläser aufs peinlichste sauber, stellt alles auf dem Teebrett zusammen und verabschiedet sich. Er will nachts hier schlafen, doch abseits, das heißt, verborgen. Es zeigt Zutrauen, daß er es mir überhaupt sagt. Die Schlöh tragen die Erfahrungen eines Volkes, das seit einem Jahrtausend gegen stärkere Eroberer ums Überleben kämpft. So verbirgt sich Schlöh Brahim mit Sohn und Kamel vor einer Welt, der zu vertrauen sein Leben und seines Sohnes Freiheit kosten kann, während auf fernen Bergen die Familie vergeblich auf ihre Rückkehr wartet. Ich habe den alten Mann gut leiden mögen.

Schlöh Brahim

Windig ist's heute, alles stäubt mir voll Sand. Nachmittags kommt Dachan ben Brahim, mein »Nachbar«, über die Hügel. Mit ihm zwei Söhne, ein Kamel, ein Schaf, zwei Esel und auf dem Esel eine in schwarze Tücher gehüllte Frau mit kleinem Kind. Sohn Ibrahim mag fünfzehn, Ali zwölf oder dreizehn Jahre alt sein. Die Jungen entzünden Feuer, ich bringe Decken, Kissen und Teegeschirr. Die Frau unter den schwarzen Tüchern sitzt abseits, hinter Palmbüschen verborgen. Ali bringt die Gläser mit Tee zu ihr hin. Ali ist ein lang aufgeschossenes, schmales Geschöpf. Er schaut mich aus seinem Kindergesicht mit großen Augen fortwährend an: den fremden Mann aus so fernen Ländern, daß sein Arabisch oft schwer zu verstehen ist.

Nach dem Tee kneten die Jungen den Teig für Brote. Als das Brot sich im Sande bäckt und die Flammen lodern, wird das Schaf geschlachtet. Das geht ohne Aufhebens, ist Alltagsgeschäft. Ali greift das Schaf an den Beinen, legt es auf die Seite, Ibrahim sagt »Bismillah« und schneidet dem Tier mit dem Hirtenmesser beiläufig die Kehle durch. Ein Blutstrom schießt aus der Halsader, ein bißchen zappelt das Schaf, dann liegt es still. Die Zungenspitze hängt aus der Seite des Maules; das gilt als gutes Omen.

Alles geht rasch: Ringschnitt am Hinterbein, Knochen gebrochen, mit dem Mund Luft unter das Fell blasen. Erst bläht sich das Bein, dann der Körper; Ibrahim haut mit den Fäusten drauf, daß es dröhnt; das trennt das Fell vom Fleisch. Dann wird das Schaf an den Hinterbeinen an einen Palmstamm gehängt und mit wenigen Griffen entkleidet. Bauchdecke geöffnet, Netz* und weißes Fett zu Rollen gewickelt in die weiße Blechschüssel gelegt. Dazu Leber, Milz, Herz, Lungen, Nieren. Das übrige bleibt zunächst hängen. Darüber ist es dunkel geworden. Starke Windstöße schleudern Funken aus dem lodernden Feuer. Langsam begreife ich, daß es sich hier um Opfer und Opfermahl handelt.

* Teil des Bauchfells

Neben den flackernden Flammen schneidet Dachan die Leber zu Stücken. Um jedes wickelt er ein Läppchen des fettreichen Netzes. Ibrahim hat vom Bach grüne Gerten geholt. Der Vater schichtet die Leberstücke darauf und legt sie auf die Holzkohle. Da hebt ein Krispeln und Schmurgeln an, Rauchfäden ringeln aus tropfendem Fett, und der Wind treibt sie uns in die Augen. Doch bald riechen wir auch den lockenden Duft der gebratenen Leber. Mit einem Stock wird das heiße Brot aus dem Sande gehoben, ein Tuch ausgebreitet, der Vater bricht das Brot, reicht uns die Holzstäbe, jeder sagt »Bismillah«, zieht ein Leberstückchen vom Stab und beißt ein. Der schmale Ali bringt davon der schweigenden Frau. – Es war köstlich, doch das ist erst der Anfang.

In der Tabsila, der Emailleschüssel, wurden inzwischen mit Zwiebeln und Gewürz die Innereien auf die Holzkohle gesetzt. Der Wind ist der Blasebalg, die Funken fliegen, wir schlucken Rauch, die Augen tränen. Bald brodelt es in der Schüssel und duftet. Wir trinken Tee, sprechen oder schweigen. Dann wird die Schüssel in die Mitte gestellt. »Bismillah«: zuerst tauchen wir die Brotstücke in den Fleischsaft. Dann greifen wir die Gemüsestücke heraus. Am Ende teilt Dachan, der Vater, jedem die Fleischstücke zu, Lunge, Magen, Herz. Es war reichlich, nun sind wir wirklich satt.

Doch jetzt geht Dachan mit dem Hirtenmesser zu dem hängenden Schaf und schneidet ihm die Hinterkeule ab. Das große Stück Fleisch wird einfach auf die Holzkohle gelegt. Etwas Salz, etwas Gewürz. Es knuspelt und knaspelt, spretzt und zischt. Der Wind fährt stürmisch drein, schleudert Funken. In den Palmwipfeln saust es; die zuckenden Flammen lassen die Gesichter aufleuchten; der Qualm weht mal rechts, mal links, daß uns die Augen tränen. Ich denke an die stumm im Dunkeln sitzende Frau. Geht es um sie bei diesem Opfer am Grabe des Heiligen? Ich weiß es nicht, und zu fragen verbietet die Sitte. Ibrahim, der größere Bruder, spricht kaum ein Wort. Auch Vater Dachan ist ernster als sonst. Wie soll ich die Vorgänge deuten?

Nun wird das letzte der Brote gebrochen, das duftende Fleisch in die Mitte gelegt, und jeder greift mit den Fingern sein Stück heraus. Dies ist nun wahrlich das Beste! Das Fleisch mit all seinem Saft, dem Rauchgeschmack und der Herbheit der gerösteten Kruste. Auch hiervon bringt Ali der Frau.

Nun sind wir ganz satt, zufrieden und wohlig, sitzen im Sande, trinken noch einmal Tee. Der Wind ist zu halbem Sturm angewachsen; er rumort in den Palmen, weckt in dem schlafenden Feuer stets erneut leckende Flammen, er macht, daß ich dies Opfermahl in der wehenden Wüstennacht niemals vergessen werde. Funken, Mond, Millionen Sterne, fahlweiß das Grab, dessen Ecksteine ins Dunkle ragen. Abseits die Frau mit dem Kind. Aus dem Dunkeln hoppelt, Vorderfüße gefesselt, ein Esel heran, bleibt vor uns stehen und gibt kleine Laute, als wolle er uns ein Geheimnis mitteilen. Und der Wind macht die Palmstämme knarren.

Ich verabschiede mich und gehe zu meinem Zelt. Ich fühle, daß Opfer und Opfermahl nicht kleiner Dinge wegen dargebracht wurden. Hätte ich doch fragen sollen, worum es geht? – Während der ganzen Nacht hat aus den Mauerspalten im Grabwürfel des heiligen Mannes Kerzenlicht in die Wüste geleuchtet. – Ob es wegen des drohenden Überfalles durch den westlich stehenden starken Nachbarstamm ist? Ich nehme mir vor, morgen Dachan danach zu fragen.

Bei erster Dämmerung weckt mich der Ruf zum Morgengebet. Ich koche Kaffee. Dazu gibt es Datteln. Ibrahim steigt auf den Hügel und sucht das Kamel. »Maa Salamma«, auf Wiedersehen, und sie ziehen los. – Nie haben meine Nomadenfreunde begriffen, welche Umstände ein Europäer macht, um reisefertig zu werden, statt wie ein vernünftiger Mensch aufzustehen, sein Morgengebet zu sprechen und loszugehen.

Im Grabmal des heiligen Mannes aber lag in dem Schälchen mit den kleinen Opfergaben der Ring, den Ibrahim, der größere Sohn, am Finger trug. Ein silberner Ring, ein Stück von Wert in der Wüste! Was mag der junge Mensch so von Herzen erbeten haben?

Steht ein Nomadenjunge vor mir, 9jährig, braunhäutig, schmal, mit glänzenden schwarzen, ganz großen Kinderaugen. Ich kenne ihn nicht; er nennt sich Daud. Daud bringt mir einen Dob. Ein Dob ist eine sehr große Eidechse der Wüste, dick, knallbunt, halbmeterlang, mit horngepanzertem Stachelschwanz, der ist seine Waffe. Paßt man nicht auf, so wischt er einem damit eins aus, daß es blutet. Nun kenne ich Dobs gut genug, die ganze Wüste ist voll davon. Doch aus Dauds großen Augen spricht so ausdrucksvoll die Furcht, daß ich ihn samt Dob fortschicken würde, daß ich einfach nicht nein sagen kann.

So nehme ich den Dob an der um seinen Hals geknüpften Schnur und frage Daud, was er möchte. »Vierzig Rial«, sagt er. Das ist nun hochgradig absurd. Für 500 Rial bekommt man ein junges Schaf. In der Wüste, wo Geld nicht vorkommt, doch Dobs nur wimmeln, ist sein Wunsch grotesk. Überhaupt begreift Daud gar nicht, was er sagt. Ohne Diskussion bekommt er zwei Rial, den Gegenwert von ½ Kilo Datteln. Um ihm Freude zu machen, suche ich neu geprägte Münzen heraus, die glänzen wie Gold. Daud nimmt sie zufrieden und verschwindet im Nichts.

Eine halbe Stunde danach ist Daud wieder da, gibt mir die Münzen wieder; er möchte anderes Geld. Erst meine ich, daß er noch von den vierzig Rial träumt; doch das ist es nicht. Es wird klar, daß Daud (oder in Wahrheit seine Mutter hinter den Bergen) Geld gar nicht kennt. Er möchte die uralten, großen Viertel-Rial-

Stücke aus Aluminium. Die sind von riesigem Format, doch fast ohne Wert, weniger als ein Pfennig. Die möchte er gern. Statt der zwei kleinen erhält er also acht große Geldstücke. Beglückt über seinen Erfolg zieht er davon. Daud war ein nettes, schmales Bürschchen. Ich hatte mich darauf gefreut, ihn wiederzusehen, doch er ist niemals mehr aufgetaucht.

Die Sommerhitze naht

Heiß ist nun jeder Tag. Kaum bringe ich die Energie für die nötigsten Arbeiten auf.

Eben stelle ich fest: Ich habe das Datum verloren, weiß nicht mehr, welcher Kalendertag ist! Ist ja uns Europäern die Bewachung der Zeit, das Wissen um Tag, Stunde, Minute, so zur Gewohnheit geworden, daß es uns tief verstört, wenn diese Messung versagt. Von meinen Wüstenfreunden weiß kein einziger das Datum. Keiner weiß genau, wie alt er ist. Warum auch? Die Stunde des Gebets zeigt die Sonne; den Tag des wöchentlichen Souk zeigt der Mond. Die Sonne als Uhr und der Mond als Kalender genügen.

Ich habe die Sache bedacht. In Wahrheit ist es doch gänzlich belanglos, ob ich den Kalendertag weiß oder nicht. Weiß ich ihn nicht, so lebe ich deshalb nicht minder glücklich – im Gegenteil! Mir wird klar, daß »Zeit zu haben« die höchste und für den Europäer am schwersten zu habende Form des Luxus ist. Alle meine Wüstenfreunde leben in diesem Luxus; nicht einer rechnet nach Stunden, keiner kennt Minute oder Sekunde. Der Tageslauf teilt sich in Morgendämmer, Sonnenaufgang, Mittag, Nachmittag, Sonnenuntergang und Ende der Abenddämmerung. Genauere Zeitteilung gibt es hier nicht. Vielleicht ist gerade dies der Grund, daß man hier so in Harmonie mit sich lebt.

Ich versuche mich in der Formulierung: Nicht die Erfindung von Ketten hat den Menschen zu Sklaven gemacht, sondern die Messung der Zeit in Stunden, Minuten, Sekunden. Kann der Mensch in einem Käfig, dessen Gitterstäbe Stunden und Minuten sind, auf Dauer in Gesundheit leben? Seelische Erkrankungen, Neurosen, treten beim Menschen erst nach dem Aufkommen der Zeitmessung auf. Doch erschrocken halte ich mich zurück, den

Gedanken weiterzudenken. Ferne sei es mir, an den Wertvorstellungen Zentraleuropas rütteln zu wollen, so fragwürdig sie mir manchmal auch scheinen.

Die beiden großen Söhne von Dachan, meinem Nachbarn, kommen auf Kamelrücken recht eilig daher. Es muß etwas Wichtiges sein, doch ans Licht kommt es natürlich erst nach dem Tee: Ibrahim, der dritte Bruder, sei mit der großen Kamelstute auf und davon... zu den Soldaten.

Die Regierung im Norden wirbt Krieger an. Natürlich wollen alle drei hin, Shama, Mohammed, Ibrahim. – Krieg! Kampf! Beute! Beute! danach steht ja ihr Sinn. Doch Vater Dachan verbot es. Nicht, weil er nicht auch Krieg, Kampf und Beute liebte, beileibe nicht. Doch die Häupter des Stammes hatten beschlossen, die kriegsfähigen Männer zusammenzuhalten, auch sei Nomaden von Regierungen noch niemals Gutes gekommen. Vater Dachan sprach sein »Nein«. Doch Bruder Ibrahim ist mit dem guten Kamel heimlich auf und davon!

Ich bringe Zweifel vor, ob man ihn, 15jährig, überhaupt nehmen werde. Aber da liege ich falsch. Oho, mit 15 Jahren ist man ein Krieger wie jeder Ältere. Nur der schmale Ali müsse wohl noch etwas warten. Übrigens beneiden sie ihren Bruder. Den Ungehorsam tadeln sie kraß und entschieden, doch sonst beneiden sie ihn. Was der Vater von mir erbittet, ist: einen Brief an Schech Hadsch Baschir zu schreiben, daß man ihm Ibrahim und die Kamelkuh, bitte, zurückschicken möchte. Ich bedenke die Sache: wie schwer muß Vater Dachan diese Bitte angekommen sein! Fremde läßt man nicht in Familienzwist blicken. Und: einen Fremden um etwas zu bitten, verpflichtet zu Gegenleistung. Es ist ja auch nicht Vaterliebe in unserem Sinne. Daß einer seiner Söhne den Beschluß des Stammes mißachtet, darum geht es vor allem. Ich werde den Brief schreiben, sage ich, doch unter der

Bedingung, daß der Vater dem Ibrahim, wenn er zurückkehrt, verzeiht. Dann nehme ich all mein Arabisch zusammen, schreibe an Schech Hadsch Baschir einen Brief, lese ihn vor, klebe zu; sie reiten ab. Doch ich weiß, daß Schech Baschir gewiß ganz andere Sorgen hat.

Häufiger als bisher wird das Grab des heiligen Mannes besucht, von Frauen wie von Männern. Ich meine, es muß eine große Erleichterung für die Menschen sein, ihre Sorgen an die größere Autorität eines Heiligen abgeben zu können. Ich erfahre aus den Gesprächen, daß wirklich die Sorge um einen Überfall durch jenen starken Nomadenstamm aus dem Westen alles Denken beherrscht. Solch Überfall raubt ja den Menschen das Weidegebiet, oft die Tiere, vielleicht selbst das Leben.

Viele neue Opfergaben sammeln sich, Kerzen, Ketten, Münzen, sogar zwei aus Silber. Und unter den neuen Gaben ruht der Silberring von Ibrahim, der zu den Soldaten will.

Still und unauffällig ist von Westen her ein junger, tiefschwarzer Mann mit zwei Eseln zur Quelle gekommen, ein Neger mit wolligem Kraushaar. Bei der Quelle wirtschaftet er leise herum. Nach einer Weile hole ich ihn zum Tee.

Etwa 25jährig ist der schwarze Mann, ernsthaft, still, sympathisch: Im Grunde ist er verschüchtert. Er trägt arabische Kleidung, etwas abgenutzt, doch auffallend sauber. Er möchte nicht Tee trinken, vielen Dank. Es ist, als käme ihm derlei nicht zu. Als ich darauf dringe, fügt er sich. Den Tee bereitet er mit Anstand und guten Formen. Mein schwarzer Gast heißt Bark. Doch das hilft nicht weiter, denn alle Neger werden Bark gerufen, es ist der Gattungsname für den schwarzen Mann. Seine Vorfahren wurden als Sklaven über die Sahara hierhergebracht. Manche Oasen sind ganz mit schwarzen Krausköpfen bevölkert. Oft vermischen sie sich mit den Berbern. Sklaven werden in islamischen Landen nicht hart gehalten. Sie sind Diener, Dattelbauern oder Helfer.

Gerne hätte ich mehr über das Leben meines Gastes gehört. Ich meine auch, ihn schon einmal gesehen zu haben. Ich frage ihn danach, doch er bleibt schweigsam. Nach dem zweiten Glas Tee (drei sind üblich) sagt er höflich »Saafi«, es ist genug, steht auf und hebt meine Hand zum Kuß an seine Lippen. Er kehrt zu seinen Eseln an der Quelle zurück. Dann wandert er ostwärts davon. Ich aber frage mich ständig von neuem, wo ich diesen Bark denn schon sah.

Etwa zehn Tage, nachdem ich den Brief schrieb, ist Sohn Ibrahim tatsächlich wieder beim Zelt des Vaters. Noch weit wunderbarer: auch die große Kamelstute brachte er unversehrt wieder zurück.

Ich selbst mag nicht glauben, daß Sohn Ibrahim wegen meines Briefes zurückkam. Doch Vater Dachan sieht das ganz anders. Die Offiziere hätten seinen Sohn gemustert und ihn zurückgeschickt. Es war sein Sohn, wohlgemerkt. Nur übermächtiger Einfluß konnte bewirken, daß sie seinen Sohn als Soldat nicht nahmen, sondern zurücksandten. Daß die Soldaten ihm nicht das wertvolle Kamel abnahmen, ist für ihn nur der letzte Beweis. Denn in orientalischen Ländern nimmt Militär, weil es die Macht hat, ohne Rücksicht kurzerhand, was es mag.

So schickt Vater Dachan mir alle drei Söhne mit seinem Dank, mit einem viertel Schaf, einem Schlauch voll Kamelbuttermilch, einem großen Brocken Kamelbutter sowie einem Amulett, gleich dem des Hadsch. Es besagt: ich bin Teil der Familie, was man mir antut, tut man der Familie an; es wird gerächt – das bedeutet hier viel.

Schlöh Brahim ist wieder hier. Mit zopftragendem Sohn Mohammed und dem schwarzen Kamel war er zu seinen zwölf

Ziegen in die Berge gezogen. Von dort ist er nun mit aller Habe aufgebrochen, um bessere Weide zu suchen. Eine Wanderschaft voll Risiko ist es, denn das Land ist nicht mehr sicher für Berber, und seine Tiere sind mager zum Erbarmen. Mit Inbrunst trinken sie am Bach, dann rupfen sie am Unterlauf das harte Gras.

Fern von der Quelle macht die Schlöhfamilie verborgen ihr Lager. Nachmittags kommt der Vater mit Sohn Mohammed zum Tee. Ich lerne, daß außer seiner Frau noch allerhand kleinere Kinder bei ihm sind. Mohammed, 12jährig, ist der Älteste und stellvertretender Familienchef. Käme der Vater ums Leben, hätte er die Familie zu leiten. Hassan, 8jährig, und Brahim, 6, hüten vom Morgengrauen bis zum Abenddunkel die kleine Herde. Der Vater und Mohammed kehren bald zu ihrem Lager zurück. Am Abend soll ich mit ihnen essen.

Es ist dunkel; Sohn Mohammed holt mich ab. Über Steine und Sand, an den schwarzen Bündeln der Zeltpakete vorbei, folge ich ihm in die mondlose Nacht. Wir gehen weit. Erst hinter zwei Hügeln, der Sicht ganz verborgen, sind Lager und Feuer. Die Schlöh haben kein Zelt. Sie bauen nachts nur einen Windschutz. Tags hängen sie als Sonnenschutz Tücher über Stangen. Zwei Feuer brennen; bei einem liegt ein Teppich. Die Dattelsäcke darunter sind Rückenlehne und Windschutz. Der Alte kommt mir entgegen, begrüßt mich, bedeutet mir, mich auf dem Teppich einzurichten. Das Feuer ist nach Art der Schlöh: drei armdicke Hölzer als Stern; wo sie zusammenstoßen, die Flamme. Schiebt er die Hölzer dicht aneinander, brennt es stärker, vergrößert er den Abstand, so glimmt es klein. Er stochert Holzkohle ab, setzt die Teekanne darauf, bläst die Kohle zu Glut, dann wendet er sich zu mir, dem Gast. Nur Mohammed, der 12jährige, sitzt mit am Feuer der Männer.

Seitwärts ist die Feuerecke der Frau. Tücher schützen die Flammen vor Wind. Drei Eisenstäbe stecken im Boden. Daran hängt an einer Kette über dem Feuer die Gedra, der schwarze Kessel. Das Mädchen hilft, die kleineren Kinder kugeln im Sande. – Die Frau der Schlöh hat ihre Welt für sich. Ihre Meinung hat Gewicht in der Familie, doch Gäste sind Sache des Mannes. Nur einmal leuchtet im Schein des Feuers aus den schwarzen Tüchern das Weiß des Gesichts; sie ist jung.

Wir sitzen auf dem Teppich unter Millionen von Sternen: Im Lichtkreis des Feuers liegen Eselsattel, Deckenpakete, ein schwarzer Wasserkessel, die metergroße Kuskusschale aus Holz, ein grober Holzmörser zum Getreidestampfen. Viel primitiver als bei den Arabern ist alles. Die Ziegen kommen, den Gast zu besehen. Zwei legen sich als lebende Kissen an meine Seiten. Ein ganz junges Zicklein fällt solange über seine eigenen Beine, bis ich es kurzerhand auch neben mich packe. Dazwischen purzeln die kleinen Kinder des Schlöh in kurzen Hemdchen, doch ansonsten in himmlischer Nacktheit. – Wie seltsam ist dies Leben im Freien für uns Europäer, die wir uns in künstlichen Steinhöhlen aufhalten, die Häuser heißen. Hier die Weite, der Wind, die Sterne, die Geräusche der Nacht und das Knistern des Feuers.

Wir schlürfen Tee. Ich erzähle von dem neuen großen Erdloch, das ich gestern nahebei in der Wand einer Erdspalte fand. Der Alte meint, da wohne eine Hyäne. Wir sprechen über das schwarze Kamel, das sein Stolz ist; jetzt sucht es mit lose gefesselten Beinen nach Nahrung. Wir sprechen über den Regen, der ausblieb. Doch über das, was hier jetzt alles Denken beherrscht, die Feindseligkeit gegen die Berber und die Bedrohung durch den fremden Nomadenstamm, sprechen wir nicht. Dann bringt Sohn Mohammed aus der Küchenecke zwischen weit gebreiteten Armen die flache Holzschale mit dampfendem Kuskus. Im Teekessel ist warmes Wasser, wir waschen die Hände, hocken uns um die Schüssel, sagen »Bismillah«, greifen zu. – Es ist Seksu oder Kuskus, das Landesgericht. Gestampftes Getreide mit Wasser getränkt und im Dampfe gekocht. Darauf liegen dünne Scheibchen würziges Fett vom Höcker des Kameles. Mit der rechten Hand greifen wir Seksu heraus, formen eine Kugel, schieben sie mit dem Daumen in den Mund. Es schmeckt gut. Doch man muß essen und nicht reden, sonst ist der Gastgeber traurig. Als wir satt sind, sagen wir »Hamdulillah«, waschen die Hände, spülen den Mund, sind zufrieden.

Nun höre ich mehr über die Bewandtnisse des Alten. Sechzig Ziegen hatte er, davon ließ sich leben. Etwa die Hälfte wurde ihm geraubt, vor nicht langer Zeit. Sein ältester Sohn wurde dabei erschlagen. Es war die »Rhezza« eines Stammes der Wüste. Doch die Beni Arib dieser Region waren es nicht, sonst zöge er andere Wege. Einige Tiere mußte er gegen Nahrung verkaufen, andere starben ihm an Entkräftung. Jetzt zieht er so eilig wie möglich in eine Region, wo Regen fiel. Im Tafilalet fiel Regen, doch das liegt 600 Kilometer von hier, ist zu weit für seine schwachen Tiere. Auch im Sous* fiel reichlicher Regen. Dahin ist es näher, doch hohe Gebirgsketten liegen zwischen uns und dem Sous, gänzlich nacktes Gestein, hoch, kalt und graslos. So will er nur bis zum Fuß des Gebirges wandern, dort Kamel, Ziegen, Datteln, Frau und Kinder auf einen Lastwagen laden und sich über das Gebirge fahren lassen. – Den Wert einer guten Ziege kostet die Fahrt. – Große Entscheidungen sind dies für einen so einfachen Mann; doch Dummköpfe bleiben in der Wüste nicht lange am Leben.

Als der Mond aufgeht, wandere ich über Sand und Steine nachdenklich zu meinem Zelt zurück.

* Ein breites Talgebiet in Marokko. Zuweilen fällt hier Regen.

Nur ostwärts – die große Flucht

Ja, Auslese ist's, Kampf ums Überleben, struggle for life, wie es im Lehrbuch steht. So sammelt sich in der Sahara und in den anderen großen Steppen und Wüsten der Erde eine Auslese harter, rücksichtsloser und leistungsfähiger Menschen. Von Zeit zu Zeit, alle paar Jahrhunderte, »platzt« der vom Überdruck an Menschen bedrängte Kessel. Horden hungriger, abgehärteter Menschen ergießen sich aus Steppen und Wüsten über die von der Natur begünstigten, im Wohlleben bequem gewordenen zivilisierten Länder. Nordafrikas Geschichte kennt das genau. Europa trifft es aus den Steppen Asiens seit vielen Jahrtausenden immer von neuem. Auch unsere Vorfahren hat solche Völkerwanderung und Landnahme an unsere Plätze gebracht. Und unsere Ur-ur-ur-ur-großväter werden die, die vor ihnen waren, vermutlich erschlagen haben, wie es seit je geschieht. Wann wird die nächste Welle über Europa rollen? Oder rollt sie schon und wir, Eintagsfliegen in der Geschichte und mit unserem vielen Spielzeug allzu beschäftigt, sehen nur nicht die Zeichen?

Schlöh Brahim verweilt noch einen Tag. Die Familie nutzt den Luxus des Wassers, wäscht Wäsche. Die Ziegen trinken und fressen sich satt. Schlöh Brahim fragt, ob ich Sabun, Waschpulver, habe. Ich gebe ihm in einem Papier eine Handvoll. Später bringt er die Hälfte zurück – mehr brauchte er nicht.

Heute sehe ich die Kinder des Schlöh bei Tageslicht. Längst hungern auch sie, wie schon seit langem die Tiere. Wenn er nicht bald gute Weide findet, wird seine Familie sterben, erst die Tiere, dann die Menschen. Die ersten Krankheiten zeigen sich, Hautpilz, Ausschlag, Geschwüre. Ein Kind hat Mittelohrentzündung, dem kann ich helfen. Die anderen brauchen nicht Medikamente, sondern kräftige Nahrung. Doch dies ist eine der Selbstregelungen der Natur. Die Menschheit vermehrt sich im Überschuß. Stößt sie an die Grenzen des Wachstums, so sterben die Schwachen. Hart ist das Gesetz für Lebendes auf diesem Stern.

Abends esse ich wieder beim Schlöh. Als Gastgeschenk bringe ich einen Beutel Linsen. Wir sind gut bekannt geworden, schätzen uns beide. Wir sprechen über die Sterne: Der Nordstern heißt »Bilhadi«, »Maschbue« ist der Schütze. Doch wandert man während der Nacht nur im Sommer und bei Mondlicht. Da fragt mich Schlöh Brahim, ob ich nicht seinen Sohn Hassan nehmen will. Ich bin ganz verdutzt. Als was? Als »Abd«. »Abd« kann man mit Diener übersetzen, doch richtiger mit Sklave. Ich muß mich erst fassen. Hassan ist acht Jahre alt, hat zwei Zöpfe und ein ausdrucksloses, stumpfes Gesicht. Doch wohnt hinter solchen stumpfen Masken oft große Schlauheit. Im Klartext, ich soll Hassan kaufen. Es hört sich so schrecklich an. Doch die Sache hat zwei Seiten: Bei ihm wird Hassan wahrscheinlich sterben, bei mir wird er ernährt, bekleidet und ordentlich leben. Nach dem Preis frage ich nicht;ich weiß, er ist niedrig, den Gegenwert von zwei Ziegen vielleicht oder von dreien. Menschen sind billig in der Welt, an Menschen herrscht großer Überfluß.

Doch erschrocken halt ich's mir vom Leibe. So weit afrikanisiert bin ich noch nicht. Etwas Inneres sperrt sich. So erkläre ich ihm, daß ich Hassan bei bestem Willen jetzt nicht brauchen kann. Wir stellen die Verhandlung über Hassans Erwerb im Einvernehmen zurück. Vielleicht einmal später. Heute, nachdem die Sahara Krieg und jede Art Unglück erfuhr, weiß ich, daß Hassans Schicksal besser verlaufen wäre, hätte ich mich vor dem Wort »Abd« nicht so erschrocken.

Ich will Schlöh Brahim anders helfen. Ob er mir ein Schaf verkaufen will, frage ich. Er ist ehrlich; alle Schafe seien ganz mager, wirklich ganz ohne Fleisch. Schon recht, doch bei mir am

Bach kann es weiden, käme wieder zu Kräften. So sucht er eines aus; noch nicht ausgewachsen und anscheinend gesund. Es besteht tatsächlich nur aus viel Wolle, den nötigen Knochen und ein klein bißchen Seele. Der Schlöh nennt einen Preis, hoch, doch nicht sinnlos. Ich handle nur soviel ab, daß ich mein Gesicht wahre. Ich bezahle das Schaf zu teuer, doch nun hat er das Fahrgeld für den Lastwagen übers Gebirge.

Der arabische Name für Schaf ist hier »Hauli«. Hauli will nicht mit mir gehen, blökt und sträubt sich; Mohammed muß es tragen. Er bringt es in das Palmenzimmer hinter meinem Zelt und fesselt es gut. Nun ist Hauli ganz still. Es weiß: Ein Schaf, das nachts blökt, frißt die Hyäne.

Morgens ist Schlöh Brahim fort. Möge Allah ihm helfen!

Mein kleines Schaf ist von freundlicher Art, sanft und voll Vertrauen. Nur am ersten Tag ist es fortgerannt, sinnlos in die Wüste. Eilends mußte ich hinterher, es wieder zu fangen. Mit einem Strick um seinen wolligen Bauch band ich es fest. Am zweiten Tage begann es, am Bache zu rupfen, am dritten war es zu Hause.

Einen halben Tag lang rupft es rechts, am anderen links vom kleinen Bach. Vor Wasser hat es Angst, ich muß es hinübertragen. Manchmal ist einer der jungen Schilfhalme kräftiger als Hauli glaubt; dann reißt nicht der Halm, sondern das kleine Schaf kippt über die Vorderbeine einfach nach vorne um. Nachts schläft es im Palmenzimmer hinter dem Zelt.

Bei einer Abendwanderung habe ich mich verspätet; als ich zurückkehre, ist's dunkel. Vorher weidete Hauli am Bach, nun ist es weg. Lief es fort? Fraß es die Hyäne? Im Dunkeln kann ich es niemals finden. Morgen bei Tage werde ich seinen Spuren folgen; bei einem blutigen Fell werden sie enden. Ich trauere um Hauli. Noch einmal laufe ich das ganze Bachbett ab, dann einen Bogen um die ganze Oase, dann gebe ich Hauli verloren, gehe traurig zum Zelt. Etwas Licht fällt in den nutzlos gewordenen Stall – da liegt mein Schaf, sieht mich freundlich an und lacht ein bißchen; ich schwöre, daß es mich ausgelacht hat. Schon heute steht fest, daß ich sehr traurig sein werde, wenn ich Hauli eines Tages schlachten muß.

Hauli ist nun ganz heimisch. Es läßt sich von mir ruhig auf den Boden legen, auf die Seite drehen, schnobert vertrauensvoll in meinen Händen. Sieht es mich, dann kommt es angerannt. Gelegentlich lacht es, so wie ein Hund lachen kann. Morgens, wenn ich den Stachelbusch vom Eingang nehme, geht es allein zum Weiden. Zielstrebig und still rupft es im Bachbett die grünen Spitzen, bäht nicht, damit die Hyäne nichts hört, und tut alles, rasch Muskeln und Fett anzusetzen. Bei Dämmerung kehrt es allein in seinen »Stall« zurück; bin ich im Zelt, steckt es kurz den Kopf herein, um zu sagen: »Nun bin ich hier.«

Nach Dämmerung waren drei junge Beni Arib eingetroffen, Hauli war schon im Stall. Ich habe mich zu den Besuchern gesetzt, wir tranken Tee, redeten beim Feuer, die Zeit verging. Da kommt, klapp, klapp, klapp auf harten Hufen Hauli aus dem Dunkeln. Am Rande des Feuerscheins bleibt es stehen, sieht mich, seinen Herren, wohlbehalten, kehrt in seinen Stall zurück. Es mußte nur eben nachsehen, ob mir auch nichts zugestoßen sei.

Soviel über Hauli, mein Schaf. Ich habe Freude daran.

Ich sitze in meinem Palmenzimmer und schreibe. Da ruft vor meiner Palmengruppe eine Greisenstimme, brüchig und hoch: »He, Sie, ich bin angekommen!« heißt es etwa.

Sitzt im Schatten einer Palme ein verhutzelt Männchen, vom Alter gekrümmt, in armer Kleidung, doch mit Temperament und verschmitzten raschen Äuglein. Der alte Mann hält sich an die islamischen Formen, doch er weiß genau, was er will; zuerst also den Tee. Ich sage: »Klar, alter Herr, den Tee sowieso.«

Wir setzen uns im Schatten auf eine Decke, und er richtet sich ein; er nimmt das Turbantuch von seinem kahlen Kopf, legt die Jellaba ab und ordnet beides vor sich, daß es viele Falten bildet. Mit flinken Äuglein registriert er, was an Datteln, Zuckerstücken, Erdnußkernen, Keksen in erreichbarer Nähe liegt – und sammelt davon unauffällig, doch erfolgreich in die Falten seiner Jellaba. Ein ungewöhnlicher Gast! Ich lächele und lasse ihn machen.

Die Jellaba mag so etwas wie ein Vormagen sein, denn während wir Tee trinken und er emsig schwatzt, holt er aus ihren Falten ein Stück nach dem anderen wieder heraus, beäugt es, steckt einiges in seinen zahnlosen Mund, doch den größeren Teil in kleine Beutelchen, Stoffstückchen mit einem Stück Schnur zugebunden. Ein halbes Dutzend Beutelchen gibt es; die sind also sein Reservemagen. Während seiner emsigen Tätigkeit redet er mit brüchiger Greisenstimme ohne Unterlaß, teils Stellen aus dem Koran, teils schlicht sinnloses Zeug. Ich schiebe ihm noch einiges zu, denn zu den Reichen auf dieser Erde gehört er gewiß nicht. Am Ende liegt noch der Rest eines Zuckerhutes da. Seine Augen fragen, ob er ihn nehmen darf. Ich sage, er solle ihn in meinen Zuckerbeutel zurücktun. Er sieht mich an, glaubt meine Augen beschäftigt – und schiebt das große Stück Zucker in seinen Beutel. Das ist nun in der Wüste ein sehr starkes Stück! – Doch ist schon gut, alter Herr, möge Allah dein Leben verlängern!

Nach dem dritten Glas Tee steht er auf, sucht einen Platz im Schatten, legt seinen derben Wanderstock griffbereit, zieht die Kapuze über das Gesicht und hält Schlaf. Zur Zeit des Nachmittagsgebetes hutzelt er auf den nächsten Hügel. Mit schriller Greisenstimme ruft er: »Allahu akbar, Allahu akbar!«, Gott ist der Größte, und macht sein Gebet. Dann fordert er mit heiserer Stimme den Abschiedstee, er müsse nun weiterwandern.

Wir trinken noch mal Tee, essen Datteln, und die Beutelchen treten in Tätigkeit. Danach spricht er Segensworte für mich, meine Kinder, meine Enkel. Er spricht noch viel; es ist eine lange Rede. Wenn er doch nur deutlicher spräche! Er war zufrieden bei mir, fasse ich auf, und ich solle auch rasch fortwandern, denn vom Magrib (das heißt, von Westen), da komme nichts Gutes. Kauderwelsch ist's, doch ich fühle, daß es um einen guten Ratschlag geht. Ich gebe ihm noch eine Handvoll Datteln. Da geht der zahnlose Mund noch eine Weile weiter. Allah werde es lohnen, »die Urenkel« und »Gefahr« und »Harb« (das ist Krieg) und »vom Westen« – doch Sinn gibt es nicht. Wir neigen uns voreinander; dann wandert er los, nach Osten.

Alt und krumm zieht er dahin, ein Bettler der Wüste – doch vor Gott sind wir gleich. Alt, krumm und etwas närrisch im Kopf, doch zäh am Leben hängend, so zieht er von Lagerplatz zu Lagerplatz, vom islamischen Gebot der Mildtätigkeit lebend. Das ist menschlich, statt bürokratisch. – Ziehe in Frieden, guter Alter. Möge Gott deine Beutelchen nie ganz leer werden lassen. Irgend etwas hast du mir mitteilen wollen, doch leider hab' ich's nicht verstanden.

Heute ist es noch heißer als sonst. Erschöpft liege ich unter meiner Palme. Da kommt Ali, der alte Schlöh, mein »Nachbar« aus den Sanddünen. Er begrüßt mich, will jetzt auch keinen Tee, sieht sich in meiner Oase gründlich um und verschwindet wieder. Nach einer Viertelstunde ist plötzlich seine ganze Familie da: viele kleine Kinder, seine Frau, zwei Esel, seine dreißig Schafe und Ziegen. Wie wahnsinnig stürzen die Tiere sich auf das Wasser. Dann rupfen sie wie versessen die geringen Spitzen von Grün, die zu sprossen begannen. Doch von dem grünen Schilfwäldchen beim Grab hält Ali sie fern.

Wir trinken Tee. Ali sagt, daß er fortzieht – nach Osten; mit allen Tieren und aller Habe. Ich frage, warum? Er sagt nur, daß es dort besser sei. Ob dort Regen fiel, frage ich. Nein, auch dort kein Regen. Doch es sei besser. Warum? – Keine Antwort. Mehrmals fragt er mich, wie lange ich bleiben will. Ich spüre, daß diese Frage mit guter Absicht geschieht, wie eine Bitte; oder auch wie eine Warnung.

Die Kinder suchen Holz, die Frau steckt den Windschutz auf. Dann knetet sie Brot. Ich steuere mein Quantum Mehl bei und etwas Linsen. Wir essen gemeinsam. Doch gleich nach der Mahlzeit zieht Ali weiter. Zum Oued l'Atasch will er, zum »Fluß des Durstes«, einem trockenen Flußtal. Er sagt, daß er dort einen verborgenen Brunnen wisse, in dem, wenn Allah es will, noch etwas Wasser ist. Er will die Stelle noch bei Tageslicht finden, deshalb treibt er zur Eile. An der Quelle füllt er seine Wasserkanister und die drei Ziegenschläuche. Das ist schwere Last für die Esel. Menschen wie Tiere sind gleicherweise erschöpft, als sie im Sonnenglast weiterziehen. Herzlicher als sonst nahmen wir Abschied.

Schlöh Ali ließ einen schwarzen Esel zurück. Der ist alt und schwach. Er kann nichts mehr tragen und sieht aus, als wolle er sterben. Doch vielleicht erholt er sich wieder. Es gibt beim Bach ja allerhand Grünkraut.

Der Esel beginnt seine Wiederherstellung damit, daß er in den Raum hinter meinem Zelt dringt und sich an den hängenden Kisten mit Lebensmitteln zu schaffen macht. Ich vertreibe ihn und halte ihm eine moralische Rede. Zur Ergänzung der Rede haue ich ihm mit einem Palmast ein paar über das staubige Fell. Doch wird er in seinem langen Eselsleben so oft verdroschen worden sein, daß es gar nicht mehr darauf ankommt.

Später finde ich den schwarzen Esel in dem kleinen Bache liegen. Er ist umgefallen und liegt halb im Wasser. Eine Zeitlang bemüht er sich aufzustehen, dann gibt er es auf. Da packt mich das Mitleid. Ich ziehe ihn vorn an den Ohren und schlage ihn hinten, da stemmt er sich hoch. Er ist eine Elendsgestalt, krank und schwach. Mühsam stakst er von dannen und hat nicht einmal Dankeschön gesagt.

Ein paar Stunden später ist er beim Versuch, Grünes zu weiden, wieder ins Wasser gefallen. Alle halbe Stunde unternimmt er einen Versuch, sich aufzurappeln, doch seine Kräfte reichen nicht. Auch ist in seinem Eselsgehirn irgendeine Feder gesprungen; er will offenbar sterben. Doch am Abend kommt erneut das Mitleid; ich steige ins Wasser, ihm auf die Beine zu helfen. Zweimal bricht er zusammen, dann habe ich ihn auf festem Boden. Er zieht langsam ab.

Morgens finde ich ihn tot im Bach. Sein Kopf ist ins Wasser gesunken, er wird erstickt sein. Möge seine Eselsseele in einem Paradiese sein, wo es grüne Wiesen in Fülle und freundliche Eselinnen gibt und nicht einen einzigen Menschen! – Doch der tote Esel im Bach nicht weit von meinem Zelt wirft Probleme auf. Der Kadaver wird Tiere anlocken, die nicht nur an dem toten Esel, sondern auch an meinem freundlichen Schaf Gefallen finden. Auch wird er zu stinken beginnen. Schon jetzt kreist mit weiten, weißgrauen Schwingen ein Geier am Himmel. Regelt Natur sonst solche Dinge auch auf vorzüglichste Weise allein, in diesem Fall muß ich ihr wohl zur Seite stehen.

Ein Grab muß ich dem Esel machen, tief genug, daß Tiere ihn nicht freischarren können, entfernt genug, daß kein Geruch mich stört. In einer schmalen Schlucht mit Sandboden finde ich einen geeigneten Platz. Da begrabe ich ihn am Abend. Es war anstrengende Arbeit.

Die große Hitze ist da! Schön sind nur noch die Stunden vor Sonnenaufgang, da schöpfe ich neuen Mut. Doch dann bricht die Sonne über den Horizont und zwingt mich in den Schatten. Böiger Ostwind bringt erst lauwarme Luft und warme Luft in seltsamer Durchmischung, danach warme Luft und heiße Luft, dann nur noch heiße Luft. Unerträglich heiß bleibt es bis lange nach Mitternacht.

Wie schwer die Hitze es macht, einen Gedanken zu Ende zu denken. Es ist mir unmöglich geworden, den Tag zu ordnen. Auch das folgende Tagebuch zeigt es: Splitter von Gedanken, Aphorismen, zerbrochene Teile.

Nachts schlafe ich schlecht, es ist zu warm. Oft erwache ich von Schweiß bedeckt. Ich träume jetzt viel. Im Zelt zu lesen ist ganz unmöglich geworden.

Ich meine, daß ich abreisen muß, doch es fehlt die Energie. Tags macht die Hitze körperliche Arbeit unmöglich, und abends bin ich so erschöpft, als ob ich am Tage schwer gearbeitet hätte. Auch gibt es einen triftigen Grund, noch etwas zu warten: Erst in zehn Tagen ist der Mond wieder groß, so daß ich nicht in der Sonnenglut fahren muß. – Auch hält mich eine seltsame Neugierde fest. Ich fühle, etwas besonderes wird geschehen, doch was?

Trotz der Sonne mache ich einen Marsch zu meinem Aussichtsberg. Wasserspiegelungen täuschten lachende Seen vor, doch die wichen vor mir zurück. Die brauenen Steine der Wüste glühten, daß ich sie nicht anfassen konnte. Eine Gruppe von Kamelen und Menschen glaubte ich zu sehen, doch alles wurde ungewiß durch das Flimmern in der Luft. Erschöpft kehrte ich zurück. Ich komme mir wie ein Gefangener vor.

Bedrückende Neuigkeit: bislang war meine Quelle ein Muster an Reinheit. Vorgestern sah ich ein paar kleine Würmchen drin. Jetzt sind es viele Dutzend. Sie saugen sich am Steinrand fest, mögen eine Art von Blutegel sein. »Quelle der Maden« heißt ihr Name wörtlich übersetzt. Bisher dachte ich mir nichts dabei. An sich kein großes Unglück. Ich werde das Wasser durch ein Tuch filtern und nur noch abgekocht trinken. Nur die Hitze läßt mich so empfindlich reagieren. Dennoch: meine Quelle hat gleichsam ihre Unschuld verloren.

Krise und Abschied

Ein junger, kräftiger und großer Nomade steht plötzlich unter meinen Palmen und spricht »Es-Salam elikum!« – »Auch Dir sei Friede!« antworte ich etwas erstaunt. Natürlich, er braucht in der verlassenen Oase nicht anzuklopfen. Aber ein ungewöhnlicher Besucher ist er schon. Die Einladung zum Tee lehnt er ab. Sehr aufmerksam schreitet er die kleine Oase ab. Dann verschwindet er ohne Abschied.

Auch gut, denke ich bei mir. Doch innerlich beschäftigt mich die Sache. Er ist kein Beni Arib, er ist auch kein Schlöh; er ist breitschultriger, starkknochiger, auch das Gesicht ist anders. Er ist von einem fremden Stamm.

Übrigens kommt er zurück und mit ihm drei andere Männer. Kräftig alle, eher jung als alt. Sie grüßen mich mit Formalität. Die Einladung zum Tee lehnen sie lange ab. Erst als ich darauf beharre, sagen sie schließlich zu.

Nomaden sind sie zweifellos, doch von anderer Art, größer, von derberem Körperbau. Ihre Gesichter sind breiter, wirken gröber. Züge von Rücksichtslosigkeit mischen sich mit einem Anflug von Bitterkeit oder gar Traurigkeit. Wenn sie laufen, dann langsam, beherrscht, voller Kraft; an den Gang des Tigers muß ich denken.

Sie trinken, wie es üblich ist, drei Glas Tee. Dabei sprechen sie wenig. Untereinander reden sie nicht arabisch, sondern einen Dialekt, den ich nicht verstehe. Bald verabschieden sie sich. Danach sehen sich alle sehr gründlich in meiner Oase um, wie es bisher noch kein einziger Besucher getan hat. An der Quelle füllen sie vier große Blechkanister und gehen damit zu Fuß davon.

All das war so ungewöhnlich, daß ich aus Neugier auf meinen Aussichtsberg steige. Da sehe ich sie, um drei Mann vermehrt, auf ungewöhnlich großen Kamelen ostwärts reiten. So haben sie also ihre Kamele verborgen gehalten!

Ich sinne über die Sache nach. Ob dies Männer jenes gefürchteten, starken Nachbarstammes waren? Vortrupps vielleicht, die Wasserstellen zu prüfen? Die Herden der Arib auszumachen? Ist das so, dann folgt ihre Hauptmacht nach. Dann wird es Kampf geben. Vielleicht eine richtige Schlacht zwischen Nomadenstämmen. Ich habe allerhand Blutrünstiges, Schaudervolles über solche Kämpfe erzählen hören. – Der sorgenvolle Blick des alten Schech Baschir, als seine Hände auf meinen Schultern ruhten, fällt mir wieder ein. – Auch das wird mir plötzlich bewußt: Wer in den letzten Tagen hier durchzog, kam von Westen, aus der Richtung jenes bedrohlichen Stammes, und zog nach Osten; meist mit aller Habe. Selbst das wirre Gerede des hutzeligen alten Bettlers bekommt nun Sinn.

Hätte ich ein Kamel, so könnte auch ich aufbrechen, nach Osten, wie die anderen. Doch meinem Auto sind die tief versandeten Wege nach Osten verschlossen. Mit einem Kamel könnte ich nachts reiten, wenn die Temperatur mir erträglich ist. Mit einem Auto kann ich nachts erst fahren, wenn es auf Vollmond zugeht; und das hat noch Weile.

Doch ich entscheide, daß ich harmlosen Dingen zu großes Gewicht beimesse. Fremde Reisende zogen durch. Sie boten mir Frieden, sie tranken mit mir Tee; was will ich mehr? Ich bin überreizt, das ist alles; die Hitze ist schuld.

Ich lege mich unter meine Gelehrtenpalme und lese; Ernst Jünger »Auf den Marmorklippen«. Es ist ein bewährtes Buch: War meine Seele in Unruhe, so haben wenige Seiten sie noch stets zum Frieden gebracht. Macht das die erlesene Sprache? Oder jener Hauch von Resignation? Auch diesmal wirkt es. Mein Gemüt ist wieder im Gleichmaß. – Da erfolgt dicht hinter mir ein scharfes, trockenes Zischen, wie wenn ein kurzer Windstoß über den Boden fährt. Die Luft ist ganz still. Ich springe auf, sehe die Spur im Sand und weiß, es war eine Schlange. Die Spur zeigt ihren Weg. Es war die Schlange vom Grabe des heiligen Mannes. Seit dem Tag meines ersten Besuches am Grabe hatte ich sie nicht mehr gesehen. Was soll ihr Erscheinen jetzt? Eine Warnung?

Doch ich komme nicht dazu, es zu bedenken. Aus der Richtung der großen Dünen, wo seine Herde steht, kommt Mbarek, der junge Hirte, abwechselnd im Trab und Galopp auf einem Kamel hergeritten. Ohne den Sattel, einfach auf dem Rücken des Tieres. Das geht nur, wenn man mit Kamelen aufgewachsen ist. Er grüßt mich, doch ist er in Eile, wie ich es noch nie bei einem Araber sah. Nur etwas Wasser für sich und das Tier und gleich weiter. Er ist erschöpft, Tee würde ihm guttun. Doch er sagt drängend und leise die arabische Formel: »Ne bri roch, Choja, ne bri roch!« Ich muß weiter, Bruder, ich muß fort! – Ich erzähle ganz kurz von dem Besuch der fremdartigen Männer. Ich spüre, daß er jedes Wort aufnimmt. Er trinkt selber wenig, läßt auch das Kamel nicht viel trinken. Eilig reitet er weiter, zu ihrem Oasendorf hin. – Ich denke, er hat Nachrichten zu überbringen, die sehr dringend sind.

Heute komme ich nicht zur Ruhe: Kaum ist Mbarek fort, kommt Ibrahim ben Dachan, der abgewiesene Krieger. Auch er ist in Eile. Übrigens ist er nicht allein, vor ihm auf dem Kamelsattel trägt er einen Buben, sechsjährig, siebenjährig, mit ordentlicher Jellaba und gutem Benehmen. Der Bub ist ernst und benimmt sich wie ein Mann. Auch Ibrahim hat es eilig. Für den Tee gönnt er sich nur soviel Zeit, wie unbedingt nötig ist. Er fragt mich direkt nach den fremden Besuchern. Ich erzähle ihm, was ich sah, und frage ihn, ob das Männer jenes Stammes im Westen waren. Er antwortet nur, daß es manchmal Weidestreit gäbe. Der Bub hat mit zugegriffen; doch erst, als ich Kekse verteile, merke ich, daß er völlig ausgehungert ist, sosehr er sich auch beherrscht, es nicht zu

zeigen. Ich gebe ihm reichlich und frage Ibrahim mit den Augen. Sein Bruder habe ihn in der Wüste gefunden, allein, heute morgen. Ob er keine Eltern habe, will ich wissen. Er hatte Eltern, sagte Ibrahim. Ich erfasse den Sinn dieser Sätze erst, als beide auf dem großen, starken Kamel, das ich von meiner Reise zu Vater Dachans Zelt so gut kenne, schon weit außer Hörweite sind.

Spät abends kommen sehr heiße, starke Windstöße aus Südosten. Braut sich da ein neuer Sandsturm zusammen? Ich koche einen großen Vorrat von Wasser ab und fülle ihn in die beiden Kanister.

Schlafenszeit ist's. Ich liege im Zelt, doch einschlafen kann ich nicht. Zuviel Beunruhigendes drang heute ein. Der Wind ist böig und heiß; er macht in den Palmen hundert Geräusche.

Am Ende bin ich wohl eingeschlafen. – Doch plötzlich bin ich wieder hellwach. Stimmen sind vor dem Zelt! Seltsame Flüstertöne, wie von einem heiseren Menschen, Pausen dazwischen. Dann merke ich, daß es zwei verschiedene Stimmen sind; zwei Menschen, die sich flüsternd beraten, leise, abgehackt, unverständlich. Große Abstände zwischen erregt geflüsterten Sätzen.

Mein Herz klopft. Das sind die Männer des fremden Stammes. Nachts kehren sie zurück, und ich bin ganz allein! Was werden sie tun? Ich greife mein Messer, das unter dem Kopfkissen liegt. Alle meine Sinne sind wach. Eines Tages hatte ich, halb aus Spaß, halb im Ernst, eine hintere Ausgangsröhre aus meiner Palmenfestung geschaffen und sorgsam verborgen. Ein Griff in die Leinwand des Zeltes kann mir diesen Notausgang öffnen. Doch zuerst versuche ich mit aller Konzentration, die fremdartige Sprache zu verstehen. Es flüstert weiter; stets an derselben Stelle. Ich lausche, doch nichts geschieht.

Plötzlich begreife ich: Das sind keine Menschenstimmen, so spricht kein Mensch. Was ist es dann? Tiere? Unmöglich! Djinnun? Trotz Herzklopfens lache ich, doch ich mache die Probe, spreche laut: »Bismillah rachmani rachim!« Pause. Das bannte sie also! Doch dann flüstert es weiter.

Nun bin ich wütend und rufe laut, was Götz von Berlichingen rief. – Stille. Dies also half! Energisch drehe ich mich auf die Seite und schlafe bis weit in den Morgen.

Am Morgen finde ich zwischen trockenen Palmenstengeln eine leere, leichte Kunststoffflasche eingefangen; der Wind hat die schnurren und flüstern lassen. – Ich bin überreizt, ich beginne, zu spinnen; nun wird es wirklich Zeit abzufahren.

Vormittags. Wie aus dem Boden gekommen, sind plötzlich sechs Männer da. Großgewachsen und stark; sie haben die gleiche Statur wie gestern die Männer des fremden Stammes. Eine Art von Peitschen tragen sie bei sich, die ich hier noch nicht sah: ein starker, runder Strick, aus Leder geflochten, ganz weich und biegsam. Am dicken Ende sind zwei starke Knoten, die bilden einen Handgriff. Am dünnen Ende sind zwei kleine Knoten im Leder dicht beieinander.

Die Männer grüßen kurz »Es-Salam elikum!« – »U elikum es-Salam!« meine Antwort. Teetrinken wollen sie nicht. Sie sehen sich in der kleinen Oase um, einer verschwindet, die anderen halten sich abseits. Ich setze mich in den Schatten und versuche zu lesen.

Stampfschritte von Kamelen: zwei jüngere Leute treiben eine Gruppe jener sehr großen, starken und schnellen Kamele heran, die in der mauretanischen Wüste gedeihen. Die stürzen sich auf den kleinen Bach und trinken gierig. Noch nie wurde Kamelen erlaubt, dicht beim Grab des Sidi Abd-er-Rachman zu trinken. Danach brechen die starken Tiere mit Gewalt in das Schilfwäldchen ein. Nie hat bisher ein Tier diesen Fleck anrühren dürfen. Mit ihren schweren, starken Körpern walzen die Kamele breite Furchen in das Bambusdickicht. Dann malmen sie gierig die geknickten Halme. Die Männer schauen zu. Wie zum Spiel schwingen sie lässig die Lederpeitschen und lassen die Tiere fressen. Zwei halten von den nahen Bergen aus Wacht.

Die Männer brechen das Gesetz von Sidi Abd-er-Rachman. Ich bin nur Gast, habe kein Recht, etwas dagegen zu sagen. Und hätte ich das Recht, so fehlte mir die Macht. Doch mir ist, als würde mein persönliches Eigentum vernichtet. Die Männer zerstören eines fremden Stammes Land. Den Hunger der Tiere könnten sie auch weiter unten am Bach stillen. So provozieren sie Streit. Sie grüßen mich kurz, dann ziehen sie fort. Von keinem sah ich das Gesicht; sie hielten ihr Kopftuch geschlossen.

Das halbe grüne Schilfwäldchen ist fort, die andere Hälfte ist geknickt und zerstört. Traurig gehe ich aus meiner kleinen Oase hinaus zu einem der Berge. Da ist mir, als ob sich oben ein Kopf bewegt; doch als ich oben bin, ist niemand zu sehen. Ich kehre zurück. Hier sind Dinge im Gang, in die ich mich nicht einmischen darf. Nichts als das Gastrecht schützt mich.

Ich suche Hauli, mein Schaf. Stets hielt es sich ganz still, wenn Fremde hier waren. Doch ich will es sehen. Um die Wahrheit zu sagen: ich will mit ihm reden. Dies ist mir in der letzten Zeit mehrfach passiert, daß ich zu dem zutraulichen Tier sprach, wie man zu einem Hund spricht; und es gab sich die Miene, mich zu verstehen. Ich suche Hauli, erst rechts am Bach, dann links; ich rufe leise, stets kam es dann angerannt. Ein böser Verdacht keimt auf, plötzlich fasse ich den Hirtenstock ganz fest. Ich kann Hauli nicht finden. Doch da sehe ich einen frischen Blutfleck im Sand! Geschlachtet und geraubt – das kleine Bündel (Wolle, Knochen und ein bißchen Seele) wird nun an einem Kamelsattel hängen. Ich murmele eine wirklich schlimme arabische Beschwörungsformel und sende sie den Kamelreitern nach.

Doch war es gut, daß ich nicht sah, wie sie Hauli fingen und schlachteten. Ich hätte mein Schaf verteidigt. Bestimmt wäre daraus ein Unglück entstanden.

Mittagszeit ist vorbei. Der Boden glüht, Sandhosen wandern. Wasserspiegelungen stehen ringsum, als sei meine kleine Oase nun wirklich zu einer Insel im Meere geworden. Durch dieses Luftgeflimmer kommt eine riesige Herde von Kamelen daher. Erst meine ich, daß es wohl tausend Tiere sind. Doch es sind nur etwa einhundert. Es sind Vater Dachan mit seiner Herde und zwei andere Zeltbesitzer mit ihren Tieren. Die Zelte sind aufgepackt. Frauen, Kinder, Datteln und aller Hausrat sind dabei. Sie ziehen in Eile, doch sie halten, trinken und essen etwas. Ich will ihnen die Zerstörung des Schilfwäldchens zeigen, doch sie wissen es schon; nachgerade scheint wirklich alles voller gegenseitiger Späher zu stecken.

Die Männer essen Aschrir Magli; die Frauen und kleinen Kinder etwas abseits auch. Eine flache, große Eisenpfanne mit Wasser wird aufs Feuer gestellt. Als es kocht, rührt Ali kräftig mit einer Palmrispe darin, und Vater Dachan gibt aus einem Sack sechs Hände voll grauschwarzen Mehles hinein. Das gibt einen dicken Brei. Einer der Männer drückt mit seiner hornigen Hand eine Delle und legt ein großes Stück weißer Kamelbutter darein. Sie schmilzt rasch. Wir hocken uns um die Pfanne, greifen mit den Fingern einen Klumpen Brei, tauchen ihn in das Fett und schieben ihn in den Mund. Es ist keine Offenbarung Lukulls, doch rasch bereitet und sättigt. Das Mehl stammt von grünen Getreidekörnern, angeröstet, dann gemahlen. – Die Peitschen der fremden Besucher, so höre ich, sind aus Nilpferdleder und berühmt wie berüchtigt. Ein kräftiger Schlag mit dem dicken Ende tötet, richtig gezielt, einen Menschen.

Vater Dachan nimmt mich danach beiseite. Er fragt mich noch mal genau nach den fremden Männern. Er sagt mir, daß Schech Baschir alle Herden des Stammes nach Osten in Sicherheit bringen läßt und die Krieger des Stammes westwärts von hier zur Verteidigung sammelt. Er fragt mich, wie lange ich bleiben will.

Das wäre normalerweise eine unhöfliche Frage; doch ich verstehe, daß es ein Ratschlag ist. Obwohl sie erschöpft sind und der Boden noch glüht, ziehen sie gleich darauf weiter.

Eben war die Schlange in meinem Zelt! – Erschöpft hatte ich auf dem Teppich gelegen. Ich wollte zu lesen beginnen, doch träumte ich zur offenen Zelttür hinaus. Da schob sie sich heran, den Schlangenkopf etwas gehoben, glänzend in gelblich gemustertem Braun. Fast ohne sich zu bewegen, glitt sie in den Eingang des Zeltes, hielt inne, schob sich weiter vor, verhielt erneut. Sie blickte im Zelt in die Runde, sah dann zu mir. Es war dasselbe große und schöne Tier, das nach meiner Ankunft hier meinen Weg gekreuzt hatte, als ich zum erstenmal das Grab des heiligen Mannes besuchte.

Ich lag ganz still, atmete kaum, wartete. Glänzend und kräftig war der Schlangenleib, klug blickten die kleinen Augen. Ist sie wirklich der Geist oder Bote des heiligen Mannes?

Lange blicken wir uns an. Kaum trennt uns ein Meter. Nun macht sie eine Bewegung tiefer in das Zelt hinein. Da hebe ich etwas die Hand, nicht als Drohung, doch wie als Warnung.

Der Platz, wo die Schlange lag, ist leer. Ein braunglänzender Blitz fuhr ins Palmendickicht vor dem Zelteingang.

Wollte Sidi Abd-er-Rachman mich ein zweites Mal warnen? Ich nehme die Warnung an, ich will abreisen. Heute fehlt mir die Kraft, noch logisch zu denken. Morgen will ich packen.

Heiß war die Nacht, noch heißer beginnt der Tag. Nur unter der »Gelehrtenpalme« ist es noch zu ertragen, denn dort fährt der Wind hindurch. Doch welch Wind ist das! Heiße Luft fällt ein, Schwaden glühender Luft folgen. Dann wieder nur heiße Luft; die empfindet der Körper als kühl, man atmet auf. Doch unmittelbar darauf folgt es wieder glühend, wie aus der Backofentür.

Seltsame Spiralen ziehen die Gedanken. Wo las ich, daß die Türken Gefangene in die Feueressen ihrer Kriegsschiffe warfen, die Ofentür schlossen und auf den dumpfen Knall des in der Feuerglut berstenden Schädels lauschten? Dies Bild des vom kochenden Hirn gesprengten Schädels verfolgt mich. Auch ein anderes Bild: In einem Eisenwerk haben Arbeiter eine Ratte gefangen und in einen großen Bottich flüssigen Stahles geworfen. Doch ehe das Tier auf dem weiß glühenden Eisen als Flamme vergeht, läuft es vor Schmerz auf der strahlenden Glut im Kreise, immer im Kreise.

Doch fort muß ich aus diesem Glutofen! Ich entschließe mich: Heute abend will ich packen; morgen ganz früh, noch vor Sonnenaufgang fahre ich ab.

Viermal im Laufe des Nachmittags werden Herden von hundert oder zweihundert Kamelen nach Osten getrieben. Es sind die Herden der Beni Arib. Männer mit Reitkamelen, Gewehr quer auf dem Reitsattel, schützen Treiber und Herde vor Überfällen. Durch die Hitze sind die Männer völlig erschöpft. Sie tränken die Kamele, sie trinken gern und hastig von dem Tee, den ich so reichlich bereite, wie ich vermag. Doch sie sprechen fast nichts und ziehen gleich weiter – alle nach Osten.

Als die Sonne sinkt, beginne ich zu packen. Mein Auto muß diesmal leicht sein! Die überschüssigen Lebensmittel staue ich in eine Kiste. An einem starken Strick hänge ich sie bei den Paketen der Nomadenzelte in einen der Tuja-Büsche. So sind sie der Obhut Sidi Abd-er-Rachmans anvertraut. Wenn Allah will, werde ich sie einmal wiederfinden. Mit Sorgfalt mache ich mein kleines Auto fahrbereit. Mit Ausnahme von Zelt, Decken und Teegeschirr ist nun alles gerüstet.

Doch die Arbeit hat mich völlig erschöpft. Mit einem feuchten Handtuch trockne ich mir den Schweiß ab. Dann falle ich auf mein Lager, schlafe sofort ein.

Morgenlicht. Ich hatte eine schlechte Nacht. Vielleicht bin ich krank. Träumte ich, oder geschah es wirklich? Ist es Wahrheit oder Fieberphantasie? Für die folgenden Notizen kann ich keine Gewähr übernehmen.

Ist in der Nacht wirklich Bark bei mir im Zelt gewesen? Bark, jener ernste schwarze Mann, Diener von Schech Baschir? Brachte er mir wirklich die Nachricht vom Schech, daß ich bei Sidi Abd-er-Rachman bleiben soll, denn die Wege seien nicht sicher? Bestellte er mir, daß ich warten soll, bis ich neue Nachricht erhalte, oder habe ich all dies nur geträumt? Ich suche nach Spuren im Sande, nach Zeichen im Zelt; ich finde keine. – Phantasie oder nicht, in jedem Fall bin ich viel zu erschöpft, um heute fahren zu können.

Bald nach Sonnenaufgang bin ich auf meinen Aussichtsberg gestiegen; es war noch windstill, doch schon sehr heiß. Da meinte ich im Westen Gewehrschüsse zu hören, wie bei einer Gazellenjagd. Doch waren es viele Schüsse, langdauernd, unregelmäßig; viel mehr, als man bei einer Gazellenjagd braucht. Ist das ganze ein Sinnentrug? Oder hat dort zwischen den beiden Stämmen ein Kampf begonnen? Ich lausche intensiv. Doch da erwacht ein heißer Wind aus Osten, der hat alle Laute verschluckt.

Von Westen kamen die Schüsse, dorther, wohin mein Weg führt. Nun glaube ich, daß ich des Nachts den Besuch von Bark und die Warnung des Hadsch nicht nur träumte. Ich kann sowieso nicht fahren, ich bin einfach zu schwach. Auch dem Wetter mißtraue ich. Viele hohe Staubhosen sind von Südosten her auf meine kleine Oase zugewandert. Zwei haben sich sausend in den Palmen gebrochen und alles mit Sand und dürrem Kram überschüttet. Drückend ist die Luft, heiß und ermattend. Sie lähmt alle Willenskraft. Ich fühle mich krank.

Starker Wind aus Südosten. Heißt dies, daß ein neuer Sandsturm kommt? Vor einem zweiten Sandsturm habe ich

Angst. Wie spärlich das Wasser aus meiner Quelle rinnt! Viel Unrat trugen die Sandhosen ins Wasser. Auch die Blutegel vermehrten sich. Ich filtere das Wasser und koche einen tüchtigen Vorrat.

Doch welche Anstrengung kostet jede Bewegung! Zwischendurch liege ich oft stundenlang im Dämmerschlaf. Als ich eimal die Augen öffne, sitzt ein kleiner gelber Vogel vor mir, so gelb, so lustig anzusehen! Der Wind wird ihn hergeweht haben. Ein lachender Tupfen Farbe in einer in Hitze vergehenden Welt.

Abends: der Wind ist eingeschlafen. So wird es wohl keinen Sandsturm geben. – Von der Bergkuppe habe ich, als der Wind schwieg, im Westen ganz deutlich Gewehrschüsse gehört. Doch nur einzelne und in sehr großem Abstand. Das kann Gutes wie Schlechtes bedeuten.

Die Nacht war nicht ganz so heiß: erfrischt bin ich aufgewacht. Von meinem Aussichtsberg höre und sehe ich nichts. Heute würde ich losfahren, wäre da nicht die Warnung des Schechs. So warte ich ab.

Es ist um die Mittagszeit. Hohe Sandwirbel ziehen in der Ferne langsam dahin. Wasserspiegelungen reichen dicht an meine Palmengruppe heran. Da beginnt von Osten ein fremdes Geräusch. Es ist erst leise, dann nimmt es rasch zu, schwillt gewaltig an, erfüllt schließlich röhrend die Luft. Es ist, als ob eine Million Kamele gleichzeitig brüllten. Es schmerzt in den Ohren, wechselt plötzlich die Tonhöhe, ebbt in tiefere Tonlage ab und verschwindet allmählich. Drohend und alles beherrschend hat dieses röhrende Brüllen eine Minute lang in der Luft gestanden. Wie still ist danach die Stille! Ich kenne dieses Gebrüll: Düsenflugzeuge! Nicht sehr weit entfernt flogen sie vorbei, so niedrig, daß ich sie nicht sehen konnte.

Mehrere Minuten herrscht Stille. Dann meine ich, aus der

Richtung, aus der die Gewehrschüsse kamen, ein Grummeln zu hören; entfernte Explosionen. Trog nur der Wind? Oder enden Kämpfe zwischen Nomadenstämmen heute auf solche Weise? – Wie muß den Söhnen der Wüste, die derlei nicht kennen, allein das Brüllen dieses fremdartigen Djinn die Seele erschrecken!

Danach bleibt es still. Doch glücklicher bin ich nicht. Niemals in den vier Monaten war hier je ein Flugzeug zu hören. Nun dringt die Technik mit Gewalt auch in diese fernsten Regionen. Wohin kann man noch flüchten vor ihr auf dieser Erde?

Übrigens habe ich nagenden Hunger. Tatsächlich habe ich in den letzten Tagen fast nichts gegessen. Ich backe Brot, ich mache mir eine tüchtige Mahlzeit und esse sie mit Appetit. Es ist, als ob diese Krise mir mein inneres Gleichgewicht wiedergibt. Oder ist es nur, weil der Wind nach Nordwesten drehte und frischere Luft gebracht hat?

Motorengeräusch höre ich dann. Es ist das typische Geräusch eines Autos, das sandige und bergige Pisten fährt. Es kommt von Osten, von der dem Kampf abgekehrten Seite, von dort, wo die endlosen Sandstrecken sind. Nur ein Jeep kann da fahren.

Wer es auch sei, ich habe keine Angst. Ich lebe im Schutze von Sidi Abd-er-Rachman. Ich bleibe unter meiner »Gelehrtenpalme« und lese. Doch Teewasser setze ich auf; denn was in islamischen Landen auch geschieht, die Formen werden geachtet.

Der Wagen braucht lange. Aus dem An- und Abschwellen des Motorengeräusches kann ich erkennen, wo er etwa steht. Nun erscheint über der vorletzten Bodenwelle ein Jeep, sechs Soldaten, ein Fahrer. Der Jeep verläßt die Piste; in einer Geländefalte fährt er bis dicht an das Grabmal. Die Soldaten springen heraus; Gewehr auf meine Palme in Anschlag, nehmen sie Deckung. Drei von ihnen, Maschinenpistole schußbereit, kommen kriegsmäßig auf meine Palmengruppe zu. – Viel Ehre! Zog ja schon allerhand hier durch, warum nicht auch dies. Lächelnd gehe ich den neuen

Besuchern entgegen. Ihr Korporal begrüßt mich höflich mit Handschlag; die anderen schreiten kampfmäßig weiter. Erst als sie sicher sind, daß wirklich kein böser Feind im Hinterhalt liegt, endet das Kriegsbild. – Lachen, Händeschütteln; das Teewasser kocht, wir trinken Tee.

Nun erfahre ich mehr; tatsächlich war offener Kampf zwischen den Stämmen. Ein großer Kampf, erzählen sie, ein Kampf mit 600 Männern, eine richtige Schlacht! Und da die Soldaten Kampf lieben, wie hier jedermann, geraten sie bald in Begeisterung und erzählen alte und neue Heldentaten in ununterscheidbarer Mischung. Da sie bei dieser »Schlacht« überhaupt nicht beteiligt waren, entscheide ich, daß sie überhaupt nichts Genaues wissen, auch wenn sie noch so oft erzählen, wie der und der von der Leber seines erschlagenen Feindes gegessen, weil das dessen Kraft gibt. – Nur dies steht fest, daß Schech Baschir einen Kamelreiter zum Caid gesandt hat, mir Begleitung zu schicken. Und der Caid gab Befehl, mich in die bewohnte Welt zurückzuführen; er hat recht.

Meine Zeit hier ist zu Ende. Die Soldaten helfen, rasch das Zelt abzubauen. Ein letztes Mal gehe ich zur Quelle, ein kurzer Besuch beim Grab, ein letzter Blick rundum, dann brechen wir auf. Die Fahrt wird lang und schwierig werden. Über die Sandstrecken nimmt mich der Jeep in Schlepp.

Hinter mir bleibt meine verlassene Oase zurück, meine kleine Insel im Meere der Wüste, mein kleiner Planet im luftleeren Raum. So klein, daß es fast nichts zu erleben gab.

An einem starken Ast des Tuja-Baumes auf dem Felshügel südlich der Quelle hängt, wenn Sidi Abd-er-Rachman den Ort noch beschützt, neben steinernen Handmühlen, Zeltpaketen und Sahara-Krügen eine Kiste mit Mehl, Zucker, Öl und einigen Kerzen. Kommt ihr einmal dorthin, und sie hängt noch da, dann nehmt sie mit und gebt ihren Inhalt den Armen.